Angelika Neuwirth
Koranforschung – eine politische Philologie?

Litterae et Theologia
Publikationen des Frey-Grynaeischen Instituts
in Basel

Herausgegeben von Martin Wallraff,
Lektor des Instituts

Band 4

De Gruyter

Angelika Neuwirth

Koranforschung – eine politische Philologie?

Bibel, Koran und Islamentstehung im Spiegel
spätantiker Textpolitik und moderner Philologie

De Gruyter

ISBN 978-3-11-033491-3
e-ISBN 978-3-11-033927-7
ISSN 1869-8131

Library of Congress Cataloging-in-Publication Data
A CIP catalog record for this book has been applied for at the Library of Congress.

Bibliografische Information der Deutschen Nationalbibliothek
Die Deutsche Nationalbibliothek verzeichnet diese Publikation in der Deutschen Nationalbibliografie; detaillierte bibliografische Daten sind im Internet über http://dnb.dnb.de abrufbar.

© 2014 Walter de Gruyter GmbH & Co. KG, Berlin/Boston
Druck und Bindung: CPI books GmbH, Leck
∞ Gedruckt auf säurefreiem Papier
Printed in Germany
www.degruyter.com

Vorwort

Dass Koranphilologie ein Politikum sein kann, weiß man in Basel. Oder man müsste es zumindest wissen – seit einem knappen halben Jahrtausend. Doch kann es nicht schaden gelegentlich daran zu erinnern. In Basel und durch Basel ist der Koran in Europa bekannt und allgemein zugänglich geworden. Ja, es ist nicht ganz falsch zu sagen, dass Koranphilologie überhaupt ihre Geburtsstunde in Basel hatte, sofern man nämlich darunter die Begegnung der Heiligen Schrift des Islam mit europäischer Philologie versteht, wie sie durch den Humanismus entstanden und geprägt ist. Es ist die Rede von dem berühmten ersten Druck der lateinischen Übersetzung des Koran im Jahr 1543 – und dieser Druck war, wie gesagt, ein Politikum ersten Ranges.

Die Geschichte sei hier in wenigen Worten rekapituliert, denn sie zeigt beides: das faszinierte Interesse für den Koran und den verkrampften Umgang mit ihm[1]. Beides gibt es bis heute, und wenn das vorliegende Büchlein dazu beitragen könnte, das erste zu steigern und den zweiten zu lockern, wäre schon viel erreicht.

Ein Politikum also: das ergab sich allein schon durch die zeitgeschichtlichen Kontexte. Die Türken – und mit ihnen der Islam –

---

1 Der Basler Koranstreit hat verschiedentlich das Interesse der Gelehrten auf sich gezogen. Am gründlichsten ist er aufgearbeitet bei Hartmut Bobzin, Der Koran im Zeitalter der Reformation. Studien zur Frühgeschichte der Arabistik und Islamkunde in Europa (Beiruter Texte und Studien 42), Beirut 1995, 159–275. Weitere relevante Titel: Karl Rudolf Hagenbach, Luther und der Koran vor dem Rathe zu Basel, in: Beiträge zur vaterländischen Geschichte 9 (1870) 291–326; Emil Egli, Analecta Reformatoria, Bd. 2, Zürich 1901, bes. 50–61; Martin Steinmann, Johannes Oporinus. Ein Basler Buchdrucker um die Mitte des 16. Jahrhunderts (Basler Beiträge zur Geschichtswissenschaft 105), Basel 1966, bes. 20–31; Georg Christ, Das Fremde verstehen. Biblianders Apologie zur Koranausgabe im Spiegel des Basler Koranstreites von 1542, in: Theodor Bibliander (1505–1564). Ein Thurgauer im gelehrten Zürich der Reformationszeit, hg. v. Christine Christ-von Wedel, Zürich 2005, 107–124.

drängten nach Europa. Nach der Eroberung Konstantinopels 1453 war ihr Vormarsch kaum aufzuhalten, im Jahr 1529 (dem Jahr der Basler Reformation!) stand Sultan Süleyman der Prächtige mit seinen Truppen vor Wien. Die Beschäftigung mit dem Islam drängte sich also – ganz wörtlich – auf, und die Auseinandersetzung war keineswegs eine rein akademische. An – aus Wiener Sicht – so fernen Orten wie Wittenberg und Zürich beschäftigten sich in den 30er Jahren Theologen mit der fremden Religion und ihrer Heiligen Schrift. Der Koran war nie ganz vom kulturellen Horizont Europas verschwunden, doch der Zugriff auf den Text war nicht einfach. Während Luther im kleinen Wittenberg klagte: „Vergeblich wünsche ich den Koran zu lesen" (erst 1542 sollte er ein Manuskript des lateinischen Textes in die Hände bekommen)[2], war der Zürcher Gelehrte Theodor Bibliander in einer günstigeren Lage – nicht zuletzt aufgrund seiner Basler Verbindungen.

Der Nachfolger Zwinglis als Lehrer an der „Prophezei" war dem Namen und der Sache nach ein Buch-mann (gräzisiert Bibliander, 1505–64), und so bat er seinen Basler Freund, den hervorragend vernetzten Gelehrten und Buchdrucker Johannes Oporinus (1507–68), ihm den Koran in lateinischer und arabischer Sprache zu verschaffen[3]. Dessen Bemühungen waren von Erfolg gekrönt, und so konnte sich Bibliander in der zweiten Hälfte der 30er Jahre dem Studium dieses Textes widmen. Das Türkenthema wurde 1540 durch den wieder aufbrechenden Konflikt zwischen Sultan Süleyman und König Ferdinand I. (und durch die Besetzung Ungarns 1541) erneut virulent. Die publizistischen Aktivitäten zur „Türkenfrage" nahmen wiederum zu – auch Luther und Bibliander veröffentlichten je ein Schriftchen zu die-

---

2 *Alkoranum vero etiam num frustra cupio legere.* WA 30/II, 205, aus der Vorrede zu einem „Türkenbüchlein" von 1530 (*Libellus de ritu et moribus Turcorum*). Zu den Quellen von Luthers Korankenntnissen vgl. Bobzin, Koran (wie Anm. 1), 20–38.

3 Der Brief vom 14.12.1542 (abgedruckt bei Hagenbach, Luther [wie Anm. 1], 322–326) berichtet in der Rückschau über die Vorgeschichte dieser Studien: Vor 12 Jahren, also 1530, hat Bibliander sich intensiver mit dem Islam zu beschäftigen begonnen; vor 6 Jahren, also 1536, hat er um Handschriften gebeten. Vgl. hierzu und zum Folgenden Hartmut Bobzin, Über Theodor Biblianders Arbeit am Koran (1542/3), in: ZDMG 136 (1986) 347–363.

sem Thema[4]. Nach Abschluss dieser Arbeit im Frühjahr 1542 nahm Bibliander das größere Projekt in Angriff: die Publikation eines Foliantens mit Quellen zum Koran; neben dem Text selbst sollte das Werk auch diverse Schriften zu seiner Widerlegung und zur Geschichte des Islam enthalten.

Diese Ausgabe war es, die bald halb Europa beschäftigen und in Atem halten sollte. Im Sommer 1542 hatte Oporinus in Basel den ersten Teil schon gedruckt, als der Rat der Stadt davon erfuhr. Oporinus hatte heimlich und unter Umgehung der Zensurvorschriften zu drucken begonnen, und zwar sicher nicht aus Gedankenlosigkeit oder Unkenntnis. Vielmehr war schon in den 30er Jahren ein ähnliches Unternehmen bei Heinrich Petri aus politischen Gründen gescheitert; die Brisanz der Sache war also bekannt. Am 1. August 1542 wurde die Angelegenheit vor dem Rat der Stadt Basel verhandelt, doch ohne ein eindeutiges Ergebnis. Jedenfalls erhielt Oporinus die Weisung, einstweilen nicht mit Druck und Verkauf fortzufahren. Weil dieser sich nicht daran hielt, musste er sogar für einige Zeit ins Gefängnis.

In der Folge wurden diverse Gutachten eingeholt oder unverlangt geschrieben. Am Ort setzte sich der Basler Antistes und Biblianders alter Lehrer Oswald Myconius für den Druck ein, dagegen votierten der große Hebraist Sebastian Münster, der Jurist Bonifatius Amerbach und andere[5]. Von auswärts äußerten sich unter anderem Luther, Melanchthon und Bucer zur Sache. Entscheidendes Gewicht hatte der Brief Luthers an den Basler Rat, abgefasst am 27.10.1542 und eingetroffen

---

4   Martin Luther, Vermanung zum Gebet wider den Türcken, WA 51, 577–625; Theodor Bibliander, Ad nominis christiani socios consultatio, Basel 1542 (VD 16 B 5314, vorhanden in der Bibliothek des Frey-Grynaeischen Instituts, Signatur A VII 148:1).

5   Gutachten von Myconius bei Hagenbach, Luther (wie Anm. 1), 303–309, von Wolfgang Wyssenburg, Jakob Truckenbrot und Sebastian Münster ebd. 310–313, von Bonifatius Amerbach ebd. 313–315 (dies letztere jetzt auch in: Amerbachkorrespondenz Bd. 5, Basel 1958, 494–501, Anhang Nr. 6). An dieser Stelle sei ein Hinweis auf das laufende Projekt der Erschließung der Korrespondenz von Oswald Myconius angebracht (Rainer Henrich, Kirchengeschichte, Universität Basel). Dieses wird auch neue Dokumente für den Koranstreit zugänglich machen. Relevant sind etwa die Briefe von Bibliander vom 7.8., 23.9. und 30.10.1542.

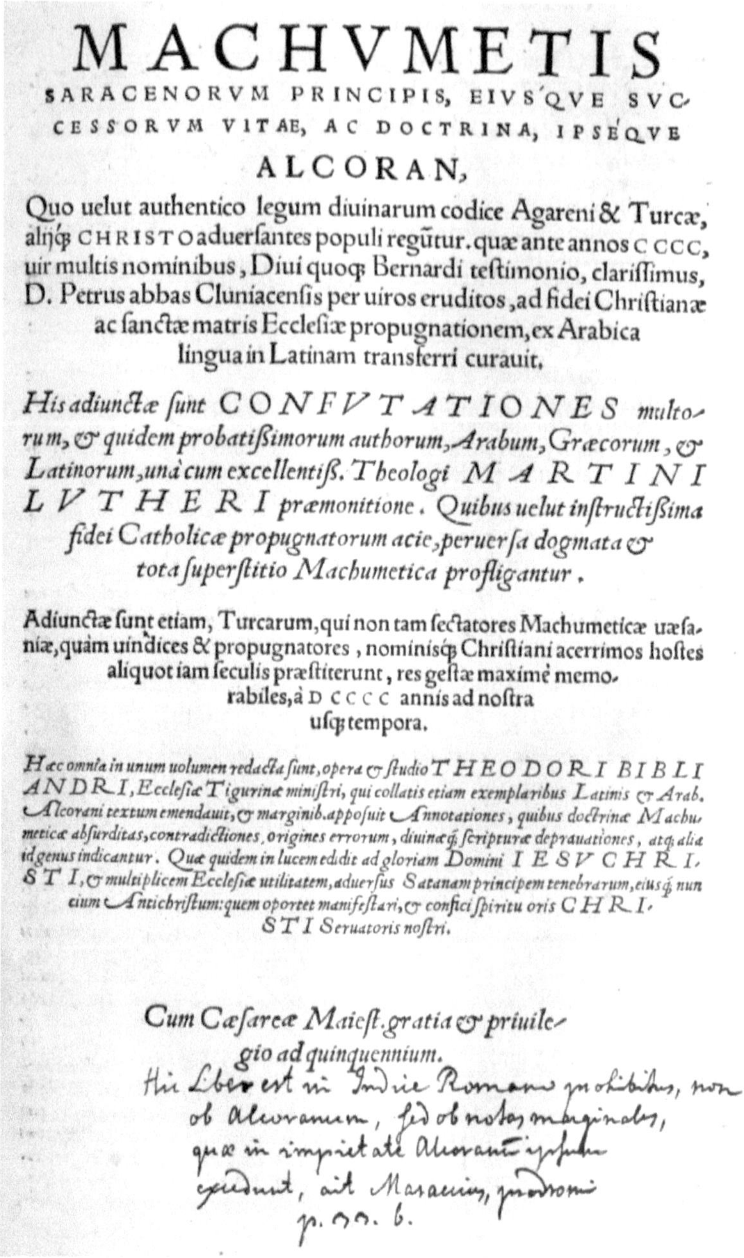

MACHVMETIS

SARACENORVM PRINCIPIS, EIVSQVE SVC-
CESSORVM VITAE, AC DOCTRINA, IPSEQVE

ALCORAN,

Quo uelut authentico legum diuinarum codice Agareni & Turcæ, alÿęp CHRISTO aduersantes populi regūtur. quæ ante annos CCCC, uir multis nominibus, Diui quoqp Bernardi testimonio, clarissimus, D. Petrus abbas Cluniacensis per uiros eruditos, ad fidei Christianæ ac sanctæ matris Ecclesiæ propugnationem, ex Arabica lingua in Latinam transferri curauit.

His adiunctæ sunt CONFVTATIONES *multorum, & quidem probatissimorum authorum, Arabum, Græcorum, & Latinorum, una cum excellentiß. Theologi* MARTINI LVTHERI *præmonitione. Quibus uelut instructissima fidei Catholicæ propugnatorum acie, peruersa dogmata & tota superstitio Machumetica profligantur.*

Adiunctæ sunt etiam, Turcarum, qui non tam sectatores Machumeticæ uæsaniæ, quàm uindices & propugnatores, nominisqp Christiani acerrimos hostes aliquot iam seculis præstiterunt, res gestæ maxime memorabiles, à DCCCC annis ad nostra usqp tempora.

Hæc omnia in unum uolumen redacta sunt, opera & studio THEODORI BIBLI-ANDRI, *Ecclesiæ Tigurinæ ministri, qui collatis etiam exemplaribus Latinis & Arab. Alcorani textum emendauit, & marginib. apposuit Annotationes, quibus doctrinæ Machumeticæ absurditas, contradictiones, origines errorum, diuinæqp scripturæ deprauationes, atqp alia id genus indicantur. Quæ quidem in lucem edidit ad gloriam Domini* IESV CHRISTI, *& multiplicem Ecclesiæ utilitatem, aduersus Satanam principem tenebrarum, eiusqp nuncium Antichristum: quem oportet manifestari, & confici spiritu oris* CHRISTI *Seruatoris nostri.*

Cum Cæsareæ Maiest. gratia & priuilegio ad quinquennium.

Hic Liber est in Indice Romano prohibitus, non ob Alcoranum, sed ob notas marginales, quæ in impietate Alcorani ipsum excedunt, ait Maracius, prodromi p. 77. b.

Abb. 1
Der Basler Koran 1543, Exemplar des Frey-Grynaeischen Instituts, Basel

Anfang Dezember[6]. Der Wittenberger Reformator riet zum Druck, und so geschah es. Allerdings legte der Rat in seinem Beschluss vom 7.12.1542 fest, der Name der Stadt Basel solle auf dem Titelblatt nicht genannt werden und der Vertrieb nicht in der Stadt erfolgen[7]. In der Tat erschien das Buch ohne Angabe von Verleger und Ort, doch war das wohl auch nicht mehr nötig, denn zu diesem Zeitpunkt dürfte kaum noch jemand nicht vom Basler Koranstreit gehört haben. Im Januar 1543 wurde die Auflage freigegeben, fertiggestellt und vertrieben. Der vorangegangene Streit mag ihre Bekanntheit gesteigert haben; jedenfalls verkaufte sie sich gut, sodass 1550 eine zweite Auflage möglich wurde[8].

Die komplizierte Vorgeschichte spiegelt sich in der Druckgeschichte: Nicht weniger als sieben Varianten des Buches sind bekannt[9]. Denn Titelei und Text-Beigaben wurden jeweils aktuell nachgeführt. Eine Vorrede von Martin Luther sowie ein kurzer Text von Philipp Melanchthon wurden dem Druck mitgegeben, ebenso eine neue Note des Herausgebers Bibliander (über seine eigentliche *Apologia* hinaus – die ihrerseits in mindestens einem Punkt korrigiert wurde)[10].

---

6   WA Briefe 10, 160–163, Nr. 3802; zuerst gedruckt bei Hagenbach, Luther (wie Anm. 1), 298–301. Das Original befindet sich im Staatsarchiv Basel Stadt.

7   Beschluss des Rates, Text bei Hagenbach, Luther (wie Anm. 1), 321 f.

8   Machumetis Saracenorum principis, eiusque successorum vitae, ac doctrina, ipseque Alcoran, Basel 1543 (VD 16 K2585); die zweite Auflage mit fast identischem Titel Basel 1550 (VD 16 K2586).

9   Die ausführlichste Beschreibung und Analyse findet sich bei Christian Moser, Theodor Bibliander (1505–1564). Annotierte Bibliographie der gedruckten Werke (Zürcher Beiträge zur Reformationsgeschichte 27), Zürich 2009, 11–14 und 111–160, teilweise gestützt auf die grundlegenden Arbeiten von Hartmut Bobzin, Zur Anzahl der Drucke von Biblianders Koranausgabe im Jahr 1543, in: Basler Zeitschrift für Geschichte und Altertumskunde 85 (1985) 213–219 sowie ders., Koran (wie Anm. 1), 209–215.

10 Das Gesamtbild ist etwas verwirrend, vor allem weil der Melanchthon-Text in einem Teil der Exemplare unter der Flagge Luthers segelt. Folgende Texte sind zu unterscheiden: Melanchthons *Praemonitio* (*Initio admonendus est lector Christianus...*, vorh. in Typ 3/c, 4/d, auch in Typ 1/a, 6/g, doch dort unter dem Namen von Luther). Luthers *Praefatio* (*Edita sunt a multis mediocra volumina...*, vorh. in Typ 2/b, 3/c, ediert in WA 53, 569–572; die Typen jeweils nach Bobzin, Anzahl bzw. Moser [wie vorige Anm.], getrennt durch Schrägstrich). Zudem ist in einem Teil der Exemplare am Beginn des dritten *tomus* Luthers

Es wäre interessant, die Argumente in dem ausgeweiteten Streit im Einzelnen nachzuzeichnen, denn es würde sich zeigen, dass viele von den damals geäußerten Meinungen im Grunde die Diskussion bis heute prägen. Um nun aber endlich auf das eigentliche Thema des vorliegenden Büchleins überzuleiten, sei nur ein einziges Argument herausgegriffen – und nicht einmal das meistbeachtete. In seiner *Apologia*, also der Begründung, warum der Korandruck nützlich sei, vertritt Bibliander die Auffassung, im Koran werde im Grunde nichts Neues gelehrt: Alles sei bei christlichen Ketzern auch schon einmal vertreten worden[11]. Die damit verbundene Einordnung des Koran in die Geschichte der spätantiken Häresien, gewissermaßen also die Lektüre des „Koran als Text der Spätantike" erweist sich als überraschend modern. Der Koran nicht nur als das „Andere", das „Fremde" (wie häufig in westlicher Wahrnehmung) oder nur als das „Neue", das „Erstmalige" (wie häufig in islamischer Selbstwahrnehmung), sondern als Teil gemeinsamer Geschichte. Das hat Angelika Neuwirth immer wieder betont[12], und sie tut es auch im vorliegenden Buch.

Bei Bibliander ist es freilich eine eigentümliche „Heimholung": Dass der Koran „zur Familie" gehört, ergibt sich primär aus der gemeinsamen Streitgeschichte. Auch wenn das der Realität mancher Familie entsprechen mag, kann und sollte man das besser machen. Spätantike Textpolitik und moderne Philologie können dazu verhelfen. Bevor Angelika Neuwirth zu diesem Thema das Wort hat, noch eine kurze Marginalie zum Basler Koranstreit.

Vorrede zum *Libellus de ritu et more Turcorum* beigegeben (*Hunc libellum de religione et moribus Turcorum...*, WA 30/II, 205-208); in anderen ist dies durch Melanchthons Vorrede zu Paolo Giovios *Turcicarum rerum commentarius* ersetzt. Die Note des Bibliander ist datiert auf den 20.1.1543 und befindet sich auf der Rückseite des Titelblattes. In der *Apologia* war zunächst der Name des Oporinus nicht genannt, doch wurde er später wieder eingefügt (α5ʳ).

11 In der (nicht paginierten) *Apologia* β1ᵛ-β3ʳ. Der meiste Raum in diesem längeren Abschnitt wird gefüllt mit dem Beweis der Behauptung, dass auch in der Geschichte des Christentums (schon seit dem NT) die Bestreitung der Göttlichkeit Christi reich belegt ist. Es ist das Verdienst von Christ, Das Fremde (wie Anm. 1), auf diesen Teil der *Apologia* besonders aufmerksam gemacht zu haben.

12 Vgl. besonders Angelika Neuwirth, Der Koran als Text der Spätantike. Ein europäischer Zugang, Berlin 2010.

Der vorliegende Text erscheint in der Schriftenreihe des Frey-Grynaeischen Instituts in Basel. Das Institut ist zwar erst Mitte des 18. Jahrhunderts gegründet, also lange nach dem Streit, doch gibt es Beziehungen. Eine erste besteht darin, dass der maßgebliche Gründer des Instituts, Johann Ludwig Frey (1682–1759) im zarten Alter von 20 Jahren sein theologisches Examen mit einer gelehrten *Disputatio philologico-theologica* über die Christologie Mohammeds abschloss[13]. Dafür verwendete er den Basler Koran von 1543 (auch wenn er sich sehr negativ über die lateinische Übersetzung äußert[14] und stattdessen lieber selbst präzis am arabischen Text arbeitet). Der Traktat zeigt übrigens im Umgang mit dem Koran beides: den aufgeschlossenen Geist der Aufklärung und den kontroverstheologischen Zugriff der protestantischen Orthodoxie. Eine zweite besteht darin, dass die moderne Forschungsgeschichte zum Koranstreit mit einem Beitrag des Lektors des Instituts beginnt. Karl Rudolf Hagenbach (1801–74) hat 1870 die wichtigsten Archivalien zu dem Streit publiziert und damit der weiteren Diskussion zugänglich gemacht (allen voran den bedeutenden Luther-Brief an den Rat der Stadt Basel)[15].

---

13 Johann Ludwig Frey, Disputatio philologico-theologica in qua Mohammedis de Jesu Christi sententia expenditur, Basel 1703. Der gedruckte Traktat ist im Institut vorhanden (Signatur K V 13; als Teil eines Konvoluts von Arbeiten Freys). Vgl. dazu Ernst Staehelin, Johann Ludwig Frey, Johannes Grynaeus und das Frey-Grynaeische Institut in Basel, Basel 1947, 20 f. sowie zu den Arabisch-Studien und -Kenntnissen des Autors Kim Sitzler, Dignitas Arabicae. Johann Ludwig Frey, ein Typus der orthodox-protestantischen Arabistik, in: Im Spannungsfeld von Gott und Welt. Beiträge zu Geschichte und Gegenwart des Frey-Grynaeischen Instituts in Basel 1747–1997, hg. v. Andreas Urs Sommer, Basel 1997, 243–258, zu dem Traktat 256 f.
14 Die *Retinensis translatio* wird im Vorwort (A1ʳ) kritisiert; die Bezeichnung bezieht sich auf den mittelalterlichen Übersetzer Robert von Ketton, der sich in seinem Brief an Petrus von Cluny selbst als *Robertus Retenensis* bezeichnet (S. 7 der Basler Koranausgabe).
15 Hagenbach, Luther (wie Anm. 1). Zu Hagenbach vgl. Andreas Urs Sommer, Die Ambivalenz der „Vermittlung". Karl Rudolf Hagenbach (1801–1874), in: Spannungsfeld (wie Anm. 13), 91–110 sowie jüngst die Ph.D.-thesis von Zachary J. Purvis, „Theologie als Wissenschaft" in the Nineteenth Century. Karl Hagenbach's Appropriations of Friedrich Schleiermacher, W. M. L. de Wette, and the Legacy of Pietism in Basel, Westminster Seminary California 2011 (Publikation in Vorbereitung).

Schließlich aber und vor allem ist darauf hinzuweisen, dass das Institut ein Exemplar des wertvollen Korandrucks von 1543 in seiner historischen Bibliothek aufbewahrt. Dieses Exemplar verdient Aufmerksamkeit, nicht nur weil es die seltene älteste Variante des Druckes bietet, sondern auch wegen der Notiz eines gelehrten Lesers auf dem Titelblatt (Abb. 1). Vermutlich im 18. Jahrhundert hat dort jemand angemerkt: „Dieses Buch ist im Index Romanus verboten – nicht weil es der Koran ist, sondern wegen seiner Randbemerkungen, die an Gottlosigkeit den Koran noch übertreffen"[16] – gefolgt von einem Verweis auf die Koranausgabe des großen katholischen Gelehrten Ludovico Marracci (1612–1700) von 1698 (Abb. 2). Dieser hatte eineinhalb Jahrhunderte nach der Basler Ausgabe die westliche Koranrezeption auf ganz neue Beine gestellt: die erste eigentlich fachkundige Übersetzung der Neuzeit (während Bibliander nur eine Revision der lateinischen Überlieferung unter gelegentlicher Verwendung des arabischen Originals geleistet hat). In seinem Vorwort spart er nicht an Polemik

---

16 *Hic liber est in Indice Romano prohibitus, non ob Alcoranum, sed ob notas marginales, quae in impietate Alcoranum ipsum excedunt, ait Maraccius, prodromi p. 33 b.* Signatur des Exemplars: E II 16; es ist zusammengebunden mit der im gleichen Jahr 1543 erschienenen Ausgabe der *Institutio* von Calvin sowie mit der Islam-Widerlegung des Johannes VI. Kantakuzenos (Basel, Oporinus 1543). Die Überlieferungsgemeinschaft mit diesem letztgenannten Text ist häufig bzw. sogar die Regel (Bobzin, Koran [wie Anm. 1], 212); die mit dem erstgenannten Text ist ungewöhnlich und regt zum Nachdenken an. Das Exemplar ist Typ 1 (Bobzin, Anzahl [wie Anm. 9]) bzw. a (Moser [wie Anm. 9]) zuzuordnen, enthält also Melanchthons *Praemonitio* unter dem Namen Luthers, nicht aber dessen (echte) *Praefatio*. Wahrscheinlich wurde dieser erste Typ hergestellt, als der Druck freigegeben, aber der Luther-Text noch nicht in Basel eingetroffen war. Das Exemplar entstammt der Bibliothek von Johann Ludwig Frey (ist also nicht aus anderer Quelle der Bibliothek zugeflossen), wie die historischen Kataloge zeigen. Freys handschriftlicher Katalog (Frey. Gryn. Mscr. X 3) enthält das mit der *Institutio* verbundene Exemplar (fol. 8ᵛ), bezeichnenderweise unter Nennung des Übersetzers Robertus Retenensis (auf die man ja keineswegs automatisch kommt, weil er auf dem Titelblatt nicht genannt ist). Ob Frey schon für seine oben (Anm. 13) genannte *Disputatio* mit dem eigenen Exemplar gearbeitet hat, lässt sich nicht mehr feststellen. Die allererste Bücherliste seiner Sammlung, die Frey 1696 als 14-jähriger (!) zusammenstellte (Mscr. X 1,9), enthält den Koran noch nicht. Die Notiz auf dem Titelblatt ist also sehr wahrscheinlich zu einer Zeit angebracht, als das Buch schon Teil der Bibliothek war.

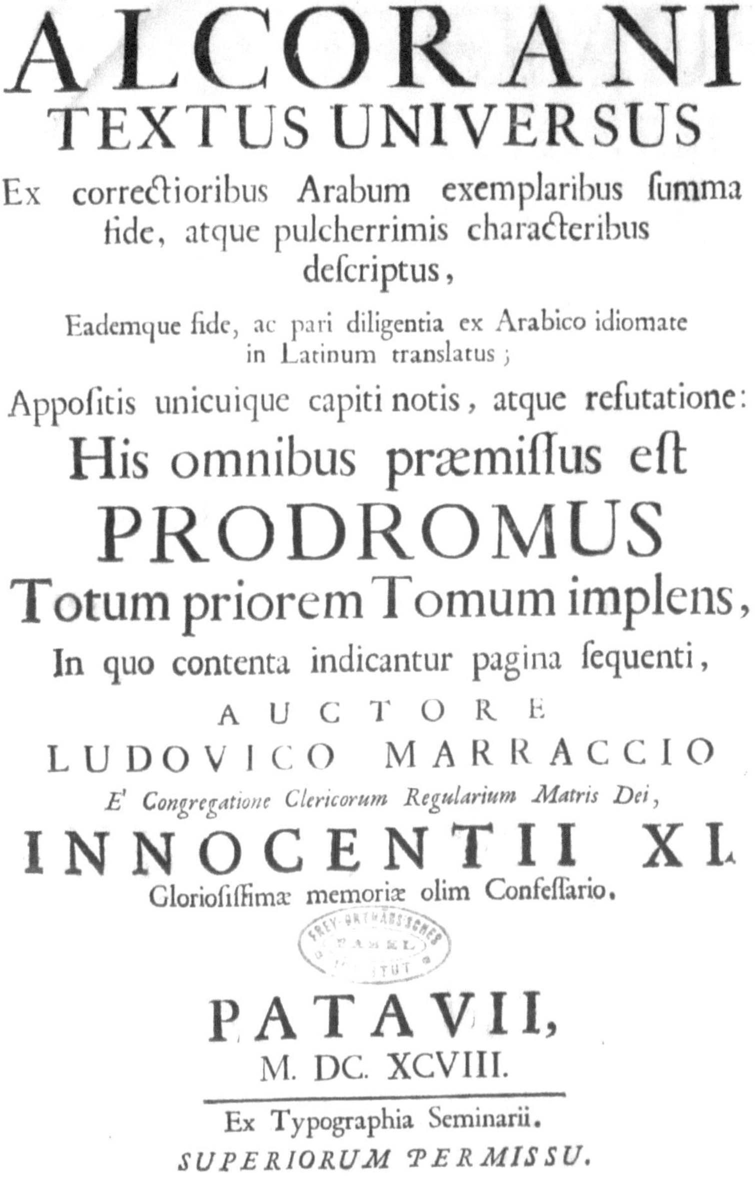

ALCORANI
TEXTUS UNIVERSUS

Ex correctioribus Arabum exemplaribus summa fide, atque pulcherrimis characteribus descriptus,

Eademque fide, ac pari diligentia ex Arabico idiomate in Latinum translatus;

Appositis unicuique capiti notis, atque refutatione:

His omnibus præmissus est

PRODROMUS

Totum priorem Tomum implens,

In quo contenta indicantur pagina sequenti,

AUCTORE

LUDOVICO MARRACCIO

E' Congregatione Clericorum Regularium Matris Dei,

INNOCENTII XI.

Gloriosissimæ memoriæ olim Confessario.

PATAVII,

M. DC. XCVIII.

Ex Typographia Seminarii.
SUPERIORUM PERMISSU.

Abb. 2
Die Koran-Ausgabe von Ludovico Marracci 1698
Exemplar des Frey-Grynaeischen Instituts, Basel

gegen die protestantischen Vorgänger[17]. Mit den inkriminierten Randbemerkungen sind vermutlich weniger eigentliche Marginalnotizen gemeint, sondern mehr die diversen Beigaben, die von der (inner-)protestantischen Debatte Kunde geben. Da tauchen Namen auf, die in der Tat bei der Indexkongregation Anstoß erregen mussten.

Das Buch war seit 1559 verboten (übrigens seinen eigenen Intentionen zuwiderlaufend: Bibliander hatte sorgfältig alle konfessionelle Polemik vermieden – vermutlich um den katholischen Markt nicht *a priori* zu verlieren), und dass der Protestantismus dabei ausschlaggebend war, ist keine fernliegende Vermutung[18] – zumal im Pontifikat eines Paul IV. Im Übrigen hinderte das Verbot nicht, dass es auch eine katholische Wirkungsgeschichte des Basler Koran gab: Man konnte das Verbot ja so lesen (und Jesuiten lasen es so!), dass nur die protestantischen Beigaben, nicht aber der Koran selbst betroffen waren[19]. Der anonyme Leser des Koran im Frey-Grynaeischen Institut hatte wohl auch einen Sinn für die leise Ironie, die in dieser Geschichte liegt.

Wenn die theologische Fakultät der Universität Basel im Jahr 2012 Koranforschung erneut ins Zentrum stellt, so tut sie das nicht aus tagesaktuellen Erwägungen, sondern als Teil ihres Profils und im Bewusstsein ihrer Geschichte. Am *dies academicus* 2012 hat die Fakultät die Würde eines Doktors der Theologie ehrenhalber an Frau Angelika Neuwirth verliehen, an die derzeit profilierteste Koranforscherin deutscher Zunge. Damit ist ein wichtiges Signal für die Verbindung zur Islamwissenschaft gegeben. Seit der Berufung von Maurus Reinkowski nach Basel 2010 ist das Fach offiziell Teil der theologischen Fakultät; der Fachvertreter hat eine Art doppelte Staatsbürgerschaft hier und in

---

17 Alcorani textus universus ex correctioribus Arabum exemplaribus summa fide atque pulcherrimis characteribus descriptus, Padua 1698. Auch dieses Buch ist in der Bibliothek des Frey-Grynaeischen Instituts vorhanden (Signatur A II 53b, auch dieses Buch aus dem Besitz von Frey: es ist in seinem handschriftlichen Katalog genannt, Mscr. X 3, fol. 4ʳ). Die Aussage über den Index findet sich in der Tat in der umfangreichen Einleitung (*prodromus*) an der in der vorigen Anm. genannten Stelle.
18 Vgl. Jesús Martínez de Bujanda, Index de Rome 1557, 1559, 1564. Les premiers index romains et l'index du Concile de Trente (Index des livres interdits 8), Quebec 1990, 362–364, Nr. 45. In dem Index von 1564 (der sog. Trienter Index) werden die *scholia et impiae annotationes et praefationes* explizit genannt.
19 Vgl. Bobzin, Koran (wie Anm. 1), 274.

der philosophisch-historischen Fakultät (wenn auch letztere weiterhin die primäre Verortung bietet). Die theologische Fakultät legt Wert darauf, ein Kompetenzzentrum für alle religionsbezogenen Themen zu sein. Gerade die Schnittmenge von philologischen und theologischen Kompetenzen zeichnet auch in besonderer Weise die 2012 promovierte Ehrendoktorin aus; es ist darum sehr erfreulich, dass ihr aus diesem Anlass gehaltener Vortrag in stark erweiterter Form hier in einer Reihe mit dem programmatischen Titel „Litterae et theologia" erscheinen kann. Ja, es wäre neben dem Philologischen und dem Theologischen auch das Politische zu nennen – alles drei zeichnet das Œuvre der Verfasserin seit Jahrzehnten aus. Das muss etwas näher erklärt werden, und dabei werden die verwendeten Schlagworte nach Möglichkeit noch etwas präzisiert. Denn Angelika Neuwirth ist nicht Theologin, schon gar nicht Politologin, sondern von Haus aus Philologin, genauer: Literaturwissenschaftlerin. Dieses Handwerkszeug hat sie von der Pike auf gelernt, und zwar nicht nur im Blick auf die „klassischen" Sprachen der Antike, wie sie auch Theologen vertraut sind, also vor allem das Lateinische und das Griechische. Neben und nach diesen hat sie Iranistik, Semitistik, insbesondere Arabistik studiert. Schon die Studienorte Teheran, Göttingen und Jerusalem machen deutlich, dass für sie das Medium der Sprache nicht in universitären Bibliotheken zu seiner höchsten Vollendung kommt, sondern in der Begegnung mit Menschen und Kulturen. Dass dabei der Motor das ist, was jede wissenschaftliche Erkenntnis im letzten antreibt, nämlich ganz elementare Neugier und Lust am Entdecken, merkt jeder, der mit ihr spricht.

Mit der soliden philologischen Basis ergibt sich eine Beziehung zu Basel fast von alleine. Neben der schon genannten Frühgeschichte der Koranphilologie ist auf die Anfänge der europäischen Semitistik im 16. Jahrhundert zu verweisen; dafür stehen Namen wie Sebastian Münster und Johannes Buxtorf[20]. Dass sich auch für diese fernen Vorväter Philologie in konkreter Begegnung vollzog, lernen wir aus einer ansonsten eher unrühmlichen Episode im Jahr 1619: Damals wurde Johannes

---

20 Vgl. Karl Heinz Burmeister, Sebastian Münster. Versuch eines biographischen Gesamtbildes (Basler Beiträge zur Geschichtswissenschaft 91), Basel 1963; Rudolf Smend, Vier Epitaphe – die Basler Hebraistenfamilie Buxtorf (Litterae et theologia 1), Berlin 2010.

Buxtorf der Jüngere zu einer schweren Geldstrafe verurteilt (ein ganzes Jahresgehalt!), weil herausgekommen war, dass er aus wissenschaftlicher Neugier an einer jüdischen Beschneidungsfeier teilgenommen hatte[21].

Für Angelika Neuwirth war es schon früh im Besonderen die Koranexegese, die ihre Neugier und Energie fesselte. Es geschieht nicht häufig, dass eine wissenschaftliche Qualifikationsschrift nach fast drei Jahrzehnten in erweiterter Form neu aufgelegt wird. So ist es mit den viel beachteten „Studien zur Komposition der mekkanischen Suren" geschehen[22]. Damit war der Grundstein gelegt für ein Lebenswerk, das zu großen Teilen dem Koran gewidmet ist. Weil der Raum es nicht zulässt, hier das ungemein umfangreiche Œuvre in allen Einzelheiten vorzustellen, beschränke ich mich auf zwei Punkte, von denen ich nicht zögern würde, von wirklichen wissenschaftlichen Großtaten zu sprechen. Das eine ist die 2010 erschienene Monographie „Der Koran als Text der Spätantike. Ein europäischer Zugang". Ein Rezensent schrieb dazu: „Solche Bücher werden nur alle hundert Jahre geschrieben."[23] Das mag sein – doch ist daraus hoffentlich nicht der Schluss zu ziehen, dass das nächste große Buch erst 2110 erscheint[24]. Neuwirths Monographie ist nicht zuletzt deshalb so anregend, weil auf die Spätantike insgesamt ein neues Licht fällt. Das erkenntnisleitende Interesse ist ja nicht nur das Verständnis des modernen Islam (schon gar nicht wohlgemeinte Versuche interreligiöser Verständigung), sondern die historisch und philologisch angemessene Auseinandersetzung mit einem religiös prägenden Text der Spätantike.

---

21 Smend (wie vorige Anm.), 23.
22 Angelika Neuwirth, Studien zur Komposition der mekkanischen Suren (Studien zur Sprache, Geschichte und Kultur des Islamischen Orients. Beihefte zur Zeitschrift „Der Islam". Neue Folge 10), Berlin 1981 (überarbeitete Fassung der Habilitationsschrift München 1976); 2. Aufl. mit dem Untertitel: Die literarische Form des Koran – ein Zeugnis seiner Historizität?, Berlin 2007.
23 Das Buch ist oben Anm. 12 zitiert. Die Rezension von Christoph Auffarth auf www.rpi-virtuell.net/workspace/users/576/Buchbesprechungen/Religion - Buchbesprechungen/Dokumente/2011 Neuwirth, Koran.pdf.
24 Das nächste Jahrhundertwert erscheint womöglich schon am Horizont: Im Jahr 2011 hat „Der Koran. Handkommentar mit Übersetzung" aus der Feder von Angelika Neuwirth zu erscheinen begonnen (Bd. 1. Frühmekkanische Suren. Poetische Prophetie, Berlin 2011).

Bei der Lektüre des Buches merkt man schnell, wie falsch es ist, dass wir üblicherweise aus Gründen der disziplinären Abgrenzungen Spätantike etwa mit dem Tod Gregors des Großen enden lassen – und dieser Tod fällt ja in etwa mit dem Mohammeds zusammen. Für das Postulat eines Epocheneinschnitts in der ersten Hälfte des siebten Jahrhunderts gibt es im Orient wie im Okzident gute Gründe *ex post*. Aber eben nur *ex post*, aus der Perspektive nachträglicher Rechtfertigung des später Gewordenen. Wenn man die Geschichte nicht von hinten nach vorne, sondern von vorne nach hinten aufrollt, sieht man, wie viel man verliert, wenn man solche künstlichen Einschnitte macht. Man lernt in Neuwirths Buch, sowohl den Koran als auch die Spätantike in einem neuen Licht zu lesen.

Sodann und vor allem soll hier das Großprojekt des *Corpus Coranicum* an der Berlin-Brandenburgischen Akademie der Wissenschaften genannt werden[25]. Es ist nicht nur durch die Dimensionen (also die Fülle des verarbeiteten Materials und die organisatorische Effizienz) eindrucksvoll, sondern vor allem durch seinen sehr eigenständigen methodischen Zugriff. Es ist keine Frage, dass genau dieser Zugriff auch die Bibelwissenschaften allerhand zu lehren hat. Dazu nur einige wenige holzschnittartige Bemerkungen. Wir lernen in exegetischen Proseminaren Arbeitsschritte wie „Textkritik" und „Wirkungsgeschichte", fein säuberlich getrennt. Das zugrunde liegende Denkmodell ist also dies: Zunächst entsteht ein „Urtext" (den wir mit unseren Methoden so getreu wie möglich rekonstruieren), dann wird dieser „rezipiert", entfaltet also eine Wirkungsgeschichte durch die Jahrhunderte. Wie wenig diese fein säuberliche Trennung funktioniert, wird in der Textgeschichte des Koran deutlich, und obgleich die Genese der drei Textkorpora der hebräischen Bibel, des Neuen Testaments und des Koran jeweils sehr verschieden ist, generiert der entschlossen diachrone Zugriff des *Corpus Coranicum* für alle drei wesentliche Erkenntnisgewinne.

Doch ist es nicht nur in diesen methodischen Fragen, dass wir im Bereich der christlichen Theologie wesentliche Impulse von Angelika Neuwirth empfangen können. An vielen Stellen in ihrem Schrifttum

---

25 Informationen über das Projekt sowie Zugang zur umfangreichen Datenbank über www.corpuscoranicum.de.

wird eine beeindruckende Sensibilität für die Interaktion von Bibel- und Koranexegese deutlich. Es ist – kurz gesagt – das Bewusstsein von der Verantwortung im Umgang mit *relevanten* Texten, wir können auch sagen: von *lebenden* Texten, von Texten, die in Vergangenheit und Gegenwart Gemeinden, Gemeinschaften und Gesellschaften zugrunde liegen. Damit ist nun – endlich! – das Thema des vorliegenden Büchleins angesprochen. Die Rede von der politischen Philologie im Titel ist nach mehreren Seiten anregend. Sie besagt ja zunächst keineswegs primär in einem kurzschlüssig zeitgeistigen Sinne, dass Koranexegese in gewissen Kontexten plötzlich brisant geworden ist. Sie besagt auch nicht nur, dass Philologie in solchen Feldern sich möglicher politischer Konsequenzen bewusst sein sollte. Ähnlich wie in gewissen Sprachspielen die Rede von der politischen Theologie[26], geht es hier tiefer: Der Ausdruck besagt, dass der Philologie bei Neuwirth automatisch und ihrem Wesen nach eine politische Dimension inhäriert. Philologie ist keine schöngeistige Kunst im Elfenbeinturm, sondern zeigt Texte als gesellschaftliche Grundphänomene, sie öffnet damit den Blick für die Textur sozialen Lebens.

Ubi maior, minor cessat: Statt weiterer Ausführungen ist es besser, zu solchen Themen Angelika Neuwirth selbst zu Wort kommen zu lassen. Mir bleibt abschließend nur, dem Verlag für die gewohnt gute Zusammenarbeit sowie der Verfasserin für die Bereitschaft zu danken, ihr Manuskript in unserer Reihe zu publizieren.

Basel, im Mai 2014   Martin Wallraff

---

26 Der Ausdruck hat seine spezifische Prägung bekanntlich durch Carl Schmitt, Politische Theologie. Vier Kapitel zur Lehre von der Souveränität, München 1922 erhalten. Auf die kontroverse Diskussion kann (und muss) hier nicht eingegangen werden.

Inhalt

Vorwort V

Koranforschung – eine politische Philologie? Bibel, Koran und Islamentstehung im Spiegel spätantiker Textpolitik und moderner Philologie 1

1. Moderne Koranphilologie 1
   1.1 Die gemeinsame biblische Tradition: Eine Herausforderung der westlichen Forschung 1
   1.2 „Schrift-Enteignung": Ein Präzedenzfall mit Wiederholung? 11

2. Der Koran *vor* der Etablierung der Schrift-Autorität 22
   2.1 Koranische Vorstellungen von der Herkunft der Verkündigung 22
   2.2 „Koranischer Pesher": Schriftauslegung zum Erweis der eschatologisch aufgeladenen Realität 29
   2.3 Eschatologische Glossierung der Bildersprache von Psalmen und Evangelien 34

3. Die neue Autorität der Schrift 43
   3.1 Schrift im paganen/synkretistischen Umfeld des Koran . . 43
   3.2 Die koranische Entdeckung der göttlichen Schrift als Träger höchster Autorität 51

4. Mekka und das Gespräch mit der (christlichen) Bibel: Von der „wohlbewahrten Tafel" zur Schrift 56
   4.1 Die Einschwörung auf das Konzept „Schrift", *kitāb* 56
   4.2 Schrift, untrennbar von Liturgie: *al-Fātiḥa* 59
   4.3 Parabeln in neuer Funktion 62
   4.4 Erzählungen als Fortschreibungen biblischer Geschichte . . 64

5. Das neue Gottesvolk auf dem Weg aus dem realen Mekka ins Gelobte Land 66
  5.1 Jerusalem als Sehnsuchtsziel der Exilanten 66
  5.2 Eine sublime Typologie: Mose-Jesus-Muhammad – Jerusalem als Kristallisationspunkt 70

6. Medina und das Gespräch mit der jüdischen Bibel: Neue religionspolitische Auslegungen biblischer Geschichten 71
  6.1 Die medinischen Juden und die in Rituale eingebettete jüdische Bibel 71
  6.2 Die medinischen Juden im Bild der Israeliten: Eine Mose-Erzählung und die Entdeckung des Gotteszorns 73
  6.3 Die medinischen Juden und ihre christlichen Rivalen: Das Marienleben und die Entdeckung von Ambiguität in der göttlichen Schrift (Q 3) 80

7. Die Konstruktion einer neuen Identität: Erstes islamisches *nation building* 91
  7.1 Die Inversion des Exils: Von Jerusalem zurück nach Mekka 91
  7.2 Von Mose zu Abraham: Genealogische oder transzendente Bindung? 97
  7.3 Abraham als „Gerechter aus den Völkern": Prototyp des „Propheten aus den Völkern" 105

8. Resümee 108

Stellenregister Bibel und Koran 113

Abbildungsnachweis 117

Koranforschung – eine politische Philologie? Bibel, Koran und Islamentstehung im Spiegel spätantiker Textpolitik und moderner Philologie[1]

VON ANGELIKA NEUWIRTH

1. Moderne Koranphilologie

1.1 Die gemeinsame biblische Tradition: Eine Herausforderung der westlichen Forschung

Noch immer ist der Koran nicht Teil unseres theologischen Wissenskanons, obwohl er offenkundig ein Text ist, der wie die jüdischen und christlichen Grundschriften fest in der biblischen Tradition wurzelt,

---

[1] Die Idee zu diesem Essay verdanke ich meinem Kollegen Herrn Martin Wallraff, Universität Basel, der mich zur Ausarbeitung einer im Herbst 2012 vor der Basler Theologischen Fakultät gehaltenen Vorlesung ermunterte und mir großzügigerweise eine Publikationsmöglichkeit in der Reihe „Litterae et Theologia" eröffnete. Eine von ihm geführte Besichtigung der Bibliothek des Frey-Grynaeischen Instituts mit ihren alten Drucken, darunter auch die Basler Koranausgabe von 1543 und die von Ludovico Marracci 1698, eröffnete mir noch einmal neue historische Horizonte auf die lange philologische Tradition, in der wir stehen. Wenn auch gerade die frühneuzeitliche westliche Rezeption des Koran in dem hier vorgelegten Essay ganz fehlt – da die Aufmerksamkeit zum einen spätantiker Textpolitik im Koran und andererseits der zeitgenössischer Koranphilologie in der westlichen Wissenschaft gilt –, so hat doch die Einblicknahme in die Basler Drucke ihre inspirierende Wirkung auf das damals entworfene Projekt nicht verfehlt. Die redaktionelle Fertigstellung des Textes verdanke ich der uneigennützigen Hilfeleistung des Basler Editionsteams, insbesondere Frau Annina Völlmy Kudrjavtsev und Herrn Jonathan Stutz (der die arabische Umschrift kontrollierte). Herr Dirk Hartwig, St. Andrews, und Herr Michael Marx, Potsdam, waren mir freundlicherweise bei der Besorgung der Abbildungen behilflich. Ihnen allen gilt mein herzlicher Dank.

wenn die Beziehung hier auch neue Formen angenommen hat. Es scheint umgekehrt sogar diese besonders enge Beziehung zur Bibel zu sein, die die seit jeher schwelende Kontroverse um den Status des Koran in neuerer Zeit wieder entzündet hat. Ist er eine „Fortschreibung", ein genuines Glaubenszeugnis, das die Bibel weiterdenkt, oder ein Surrogat, ein theologisch diffuses Dokument der Rezeption biblischer Überlieferungen? Diese heute kontrovers diskutierte Frage ist für die Akzeptanz des Koran in unseren theologischen Wissenskanon entscheidend. Kann der Koran denn überhaupt – so fragt sich mancher – als Fortschreibung der Bibel gelten, wenn er sich selbst durch so einschneidende Maßnahmen wie die Statuierung einer neuen *topographia sacra*, die das Heilige Land von Palästina auf die arabische Halbinsel verlegt, und schließlich die Relativierung der Autorität der älteren Schriften durch den Anwurf des *taḥrīf*, der Textentstellung, von der jüdischen und christlichen Bibel distanziert? – Es ist die Arena der Philologie, in der diese Kontroverse heute ausgetragen wird.

Dazu gilt es, klare Prämissen zu formulieren. Zunächst einmal ist die Textstruktur zu bestimmen. Der Koran ist wie jeder andere Text auf seine intendierten kompositorischen Bauelemente hin zu prüfen, bevor er semantisch analysiert werden kann. Solche Elemente liegen, wie bereits die ältesten Handschriften dokumentieren, mit den „Suren" vor (Abb. 3), die offenbar als Verkündigungseinheiten komponiert waren. Sie sind fast von Anfang an polythematisch; wie bei den Psalmen könnte man hier von „Mischkompositionen" sprechen. Einzelverse aus ihrer Sure zu isolieren ist also literaturwissenschaftlich nicht vertretbar, geht so wenig, wie dies bei einem Gedicht zulässig wäre. Ein Einzelvers gewinnt seine volle Bedeutung erst aus seinem Surenkontext – was bei jedem anderen Text Selbstverständlichkeit wäre, ist im Falle des Koran bis jetzt eine selten beachtete Regel.

Eine weitere im Methodenkanon der Philologie elementare Forderung ist die nach einer diachronen Lektüre des Textes. Wenn die Suren eine fortschreitende Verkündigung markieren, kann man nicht beliebige Texteinheiten, nicht einmal ganze Suren, durch beliebige andere – vielleicht spätere – erklären, sondern muss spätere Texte auf mögliche Echos oder Revisionen älterer Verkündigungen ausloten, d. h. ihre „Intratextualität" in Betracht ziehen. Während sich heute eine intertextuell fundierte Lektüre, die Beachtung von außerkoranischen Referenzen im Text, durchgesetzt zu haben scheint, wird sie doch nur

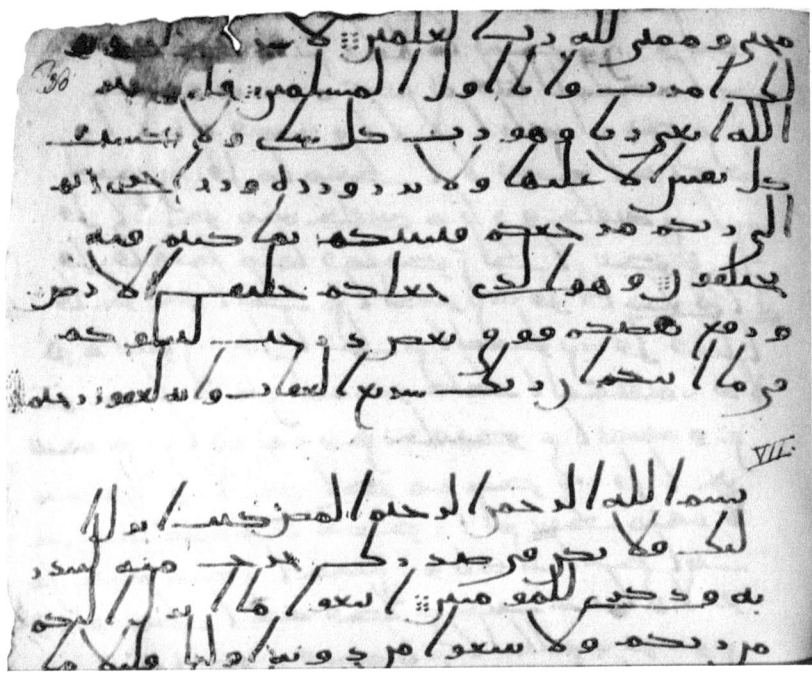

Abb. 3
Frühe Hijazi-Handschrift mit Markierung eines Suren-Neubeginns
Paris, Bibliothèque nationale, Arab. 328a, fol. 30a; abgebildet ist Q 6:162-7:3

auf den Gesamtkoran, verstanden als Textkontinuum, angewandt, nicht auf die einzelnen Suren.

Diese Inkonsequenz hat mit einer geschichtsspezifischen Vorentscheidung zu tun: Die Beachtung der Chronologie – elementare Voraussetzung für eine historisch-philologische Untersuchung – setzt das von der islamischen Tradition vertretene Modell einer sich sukzessiv – zunächst in Mekka, dann in Medina – entfaltenden Verkündigung durch den Propheten Muhammad voraus, dem nicht alle modernen Forscher zustimmen würden. Erfordert – beileibe aber nicht realisiert – ist hier die Offenlegung der heuristischen Grundposition des Forschers, der den Koran entweder aus der Verkündigung Muhammads oder aus einem anderen Entstehungsprozess ableitet. Denn hier scheiden sich die Geister: Wenn man – wie es für die skeptizistischen Forscher gilt – stillschweigend gegen die Historizität der Verkündigung des Propheten vorentschieden hat, ohne ein konkretes Gegenmodell zu entwerfen, ist man folgerichtig von den Pflichten der Philologie weitgehend entbunden: Für die von den Skeptizisten postulierte (vorbedachte) anonyme Kompilation „Koran" entfällt die Suche nach einer Entwicklung. Man bestreitet mit dieser Konstruktion ja gerade jene – durch die mündliche Auseinandersetzung des Propheten mit Hörern generierte – Debatte, aus deren Kontext der individuelle Status einer koranischen Aussage erst erkennbar wird. Man bewegt sich stattdessen im Kreis: Der Koran erscheint aus dieser Perspektive statisch und theologisch unfokussiert, weil seine – als bloß repetitiv wahrgenommenen – Bibelreferenzen keine zielgerichteten eigenen Narrative erkennen lassen – so als hätte man mit dem Ausschluss der zeitlichen Eingebundenheit des Textes in eine Verkündigung nicht jeder Wahrnehmung von Entwicklung bereits selbst den Riegel vorgeschoben[2].

Unsere gegenteilige Entscheidung der Frage, die den Koran als erst entstehendes theologisches Selbstzeugnis, nicht als fertig vorliegenden oder redaktionell fortgeschriebenen Text in den Blick nimmt, ist jedoch auf den philologischen Methodenkanon mit seiner chronologischen Orientierung angewiesen. Es wird bei einer diachronen Betrachtung sofort erkennbar, dass das gesamte koranische Corpus ein durch und durch biblisch durchwirkter Text ist. Daran ändert auch die Tatsache nichts, dass die Aussage des gegen Ende der Verkündigung bereits angewachsenen Surencorpus in Medina durch einen polemisch-apologetischen Metatext, d. h. den vielfach *live* ausgetragenen Religionsstreit mit Juden und Christen, noch einmal einer rigorosen Relektüre unterzogen wird, durch die sich die koranische Gemeinde in Abgrenzung von den beiden älteren „Erben" der Bibel als eigenes, in der Tradition Abrahams stehendes Glaubensvolk etabliert. Koranische Textpolitik – wie sich zeigen wird, selbst eine frühe Form der Philologie – schafft hier durch Privilegierung bestimmter biblischer Traditionen und Ausgrenzung bestimmter anderer, nicht zuletzt auch durch den Wiedereinsatz von bereits in der jüdisch-christlichen Bibel-

---

2 Vgl. zur modernen Geschichte der Koranwissenschaft Angelika Neuwirth, Der Koran als Text der Spätantike. Ein europäischer Zugang, Frankfurt/M. 2010, 68–119. Der vorliegende Beitrag stützt sich an verschiedenen Stellen auf die genannte Monographie; er verfolgt jedoch ein neues Ziel. Es geht darum, die besondere Bibelrezeption in Mekka mit der in Medina zu kontrastieren. Wieder verwendete Darstellungen wurden dazu entsprechend umgearbeitet und geschärft.

Kontroverse gebrauchten polemischen Waffen, neue Orientierungen. Dieses komplexe Verhältnis des Koran zur Bibel nachzuzeichnen und überzeugend zu deuten muss eine Hauptaufgabe jeder Koranforschung sein, die ein Verstehen des Koran um seiner selbst willen beabsichtigt.

Nun ist Koranforschung allerdings ihrerseits Textpolitik, sie arbeitet – wie Philologie das seit jeher praktiziert – ihrerseits mit Strategien der Privilegierung und Ausgrenzung; der Forscher muss also ein Auge auf die doppelte ideologische Dimension seines Feldes haben, die wie im Textinnern so auch in der wissenschaftlichen Bewertung zutage tritt. Wenden wir uns zunächst der modernen Textbehandlung zu.

Obwohl die Situation der koranischen Studien auf den ersten Blick zu Optimismus Anlass gibt – noch nie gab es eine so große Zahl von Forschern und Institutionen, die sich weltweit mit dem Koran beschäftigen –, ist das Feld doch von einem unverkennbaren Pessimismus umwittert, konkret: einem epistemischen Pessimismus. Nicht nur werden große gelehrte Textcorpora – wie die Prophetenbiographie und oft die islamische Überlieferung als ganze – von einer Mehrheit der Forscher kurzerhand als nutzlos für den Koran abgetan, es besteht auch wenig Interesse am paganen Hintergrund des Koran. Alle diese Traditionen, die ein Licht auf das Ursprungsmilieu und die ersten Hörer des Koran werfen würden, werden aus dem Horizont der Koranforschung ausgeschieden, um eine grundsätzliche Verlagerung des Koran aus dem kulturell peripher wahrgenommenen Arabien in einen – unbestimmten – christlichen Raum und damit seine Uminterpretation aus der Mitschrift einer prophetischen Verkündigung in eine anonyme Theologen-Kompilation zu ermöglichen, die mehr oder weniger losgelöst von dem historischen Ereignis des Auftretens Muhammads betrachtet wird.

Was stattdessen ins Zentrum des Interesses getreten ist, ist die Beziehung zwischen Koran und christlicher Tradition. Die westliche Forschung, deren wichtigste Beiträge in der Vergangenheit dem Koran als literarischem Artefakt, seiner Form und seinen Inhalten, gegolten hatten, konzentriert sich gegenwärtig auf die vermeintlichen christlichen „Subtexte", faktisch die postulierten „Quellen" des Koran. Eine einschneidende hermeneutische Wende hat in der Koranforschung stattgefunden.

Dazu ein paar erklärende Worte: Angesichts der engen Beziehung zwischen Koran und biblischer Tradition stehen zeitgenössische Forscher zwei thematisch eng verwandten Texttraditionen gegenüber: der oft christlich geprägten biblischen und der koranischen. Sie haben daher ihren Ausgangspunkt zu bestimmen: Sollen sie den Koran als das neue Identitätszeugnis einer historischen Gemeinde des 7. Jahrhunderts erforschen oder als die Materialquelle für eine frühe arabische Rezeption christlicher Tradition? Angesichts dieser Alternative hat sich eine repräsentative Gruppe westlicher Koranforscher für ihr eigenes christliches Erbe entschieden. Das steht im Einklang mit der in der westlichen Selbstwahrnehmung zumindest unterschwellig fortwirkenden Vorstellung, dass der Bibel der Status eines einzigartigen Wahrheitszeugnisses eigne, dieses jedoch reserviert sei für einen eingegrenzten Kreis von Adressaten, früher exklusiv die Christen, in neuerer Zeit für beide, Juden und Christen. „Biblizität", Zugehörigkeit zu den Völkern der Bibel, ist daher eine Art Ausweis kultureller – und zivilisatorischer – Abstammung, an der die „nicht-biblischen" Muslime nicht teilhaben.

Die Entscheidung zugunsten der christlichen Tradition ist also keine akademische Bagatelle. „Präferenz" ist ein Grundprinzip der Hermeneutik. Es wurde in der früheren Forschung in umgekehrter Weise angewandt: Gelehrte privilegierten die Endform des Koran gegenüber seinen postulierten historischen Schichten. Wie Peter Heath betont, ist die „Privilegierung von Texten eine soziale Entscheidung. Die Gesellschaft bestimmt textuelle Hierarchien. Radikale Veränderungen in der Privilegierung führen zu umfassenden hierarchischen Umstrukturierungen."[3] Infolge der jüngsten Veränderung, der neuen Schwerpunktsetzung auf christliche „Prätexte", wird der Koran gegenwärtig wie eine Art christliche Apokryphe gelesen. Forscher kümmern sich nicht mehr um seine literarische Form, die in der philologischen Forschung mit literaturwissenschaftlichen Methoden analysiert werden müsste. Stattdessen wird der Text sofort in beliebige kleine Elemente zerlegt, die nur auf ihre christliche Substanz hin geprüft zu werden brauchen. Wesentliche philologische Schritte[4] werden damit übersprungen, so dass der Weg frei wird für Spekulationen, die auf der Annahme einer späteren oder erst allmählich erfolgenden Koran-

---

3   Peter Heath, Creative Hermeneutics. A Comparative Analysis of Three Islamic Approaches, in: Arabica 36 (1989), 173–210, hier: 177.
4   Vgl. zu einer ausführlichen Diskussion über die hier „unterschlagene" Literarkritik, Formkritik und Gattungskritik Angelika Neuwirth, Scripture, Poetry, and the Making of a Community, Oxford 2014 (im Druck).

genese aufbauen, über deren Einordnung in eine Epoche oder einen besonderen Denkraum man sich wenig Gedanken macht.

Man läuft bei diesem Ansatz also Gefahr, in eine Art Textarchäologie abzugleiten, die dem Koran in gelehrter Arbeit eruierte Grundlagen unterlegt, ihn gewissermaßen mit einem „Similienapparat" versieht, die aber an der „obersten Schicht", der Endform des Textes, nicht interessiert ist und damit auf die Frage nach der Signifikanz des Koran als einer entscheidenden Stimme in dem Konzert spätantiker Debatten keine Antwort geben kann. An dieser Stelle ist eine Rückbesinnung darauf, was philologische Praxis überhaupt schuldet, hilfreich. Der amerikanische Indologe und Kulturphilosoph Sheldon Pollock hat in seiner Bestandsaufnahme der Situation der Philologie heute[5] in Wiederaufnahme von Renaissance-Theorien von Neuem auf die Doppelgesichtigkeit von Texten aufmerksam gemacht und die Respektierung beider Seiten des Textes, seiner aus historischer Perspektive „wahren" Gestalt, dem *verum*, und seiner im Laufe der Geschichte erworbenen, von den Rezipienten als „sicher" erachteten Deutung, dem *certum*[6], gefordert. Beide sind auseinanderzuhalten. Das *certum*, die Rezeption, lässt sich im Falle des Koran auf mehreren Ebenen ausmachen: am einfachsten in Gestalt der langen innerislamischen Kommentartradition.

Diese wurde in der Forschung auch lange gegenüber dem Korantext selbst privilegiert[7], oft sogar begleitet von einer Entwertung der historischen Textforschung als solcher[8]. Inzwischen ist diese Traditionsforschung unter Verzicht auf vorausgehende Textforschung wieder außer Kurs geraten, allerdings mit einer allzu rigorosen Kehrtwendung: Die zur Textforschung zurückgekehrte Auseinandersetzung mit dem Koran fixiert sich heute auf eine „historisch wahre" Textbedeutung, die man gar nicht aus der Endform des Textes, sondern aus älte-

---

5   Sheldon I. Pollock, Future Philology? The Fate of a Soft Science in a Hard World, in: Critical Inquiry 35 (2009) 931–961.
6   Die Unterscheidung geht zurück auf Giambattista Vico, Scienza Nuova, Neapel 1725.
7   Dieser Zugang reflektiert sich noch deutlich in der neuen Encyclopaedia of the Qur'ān, hg. v. Jane Dammen McAuliffe, 5 Bde., Leiden 2000–2006.
8   Die Unterstellung einer „Obsession für den Urtext" war ein beliebtes Verdikt, vgl. Andrew Rippin, Muhammad in the Qur'ān. Reading Scripture in the 21st Century, in: The Biography of Muhammad. The Issue of the Sources, hg. v. Harald Motzki, Leiden 2000, 298–309.

ren Traditionen, die im Koran nachhallen, ableiten zu können meint[9]. Dabei stehen in neuerer Zeit die jetzt zahlreich bearbeiteten kirchensyrischen Texte im Zentrum des Interesses, insbesondere die Homilien des Ephrem von Nisibis, der bereits zweihundert Jahre vor dem Islam biblische Erzählungen erbaulich ausgelegt hatte.

Doch wird man im Falle des Koran der Beachtung beider Seiten des Textes, seiner historischen Bedeutung und seiner Bedeutung für die Rezipienten, nicht entgehen können. Nicht nur sind die Werkzeuge unserer Textbehandlung, wie Lexikographie und Grammatik, Teile der islamischen Tradition, deren Informationen bereits als solche eine innerislamische Koranrezeption reflektieren, vor allem manifestiert sich Rezeption im Fall des Koran aber auch bereits *vor* der Entstehung der späteren Exegese, nämlich im Text selbst, konkret in der *live interaction* zwischen dem Verkünder und seinen Hörern, die sich – wie wir sehen werden – deutlich im Text spiegelt. Ältere Verkündigungen werden von jüngeren, einen neuen Hörerkonsens reflektierenden Verkündigungen „kommentiert" und überlagert. So gesehen lässt sich der Koran als ein vielleicht einzigartiger Fall von mantischer, also prophetischer, und zugleich exegetischer Rede erkennen – vorausgesetzt man akzeptiert die Prämisse von seiner Genese aus dem Prozess der Verkündigung.

Für diese – hier vertretene – Grundannahme spricht vieles. Denn der Koran entsteht nicht in einem leeren Raum. Seine ersten Hörer waren noch nicht Muslime, sondern sind am ehesten als Individuen vorzustellen, die synkretistisch akkulturiert und in verschiedenen spätantiken Traditionen gebildet waren. Es war erst das Überzeugungswerk der prophetischen Verkündigung und ihres charismatischen Sprechers, die besondere Identität der Hörer allmählich zu formen – ein Prozess, der sich in erstaunlich kurzer Zeit, innerhalb von nicht mehr als 22 Jahren, vollzog. In welchem Milieu haben wir uns diese Verkündigung vorzustellen? Dank zahlreicher neuer Text- und Materialfunde verfügen wir inzwischen über genauere Kenntnisse über das Allgemeinwissen und die kulturellen Praktiken des 7. Jahrhunderts. Wir brauchen nicht länger vom Bild eines „leeren Hijaz"[10], einer kulturell isolierten

---

9   Vgl. Gabriel S. Reynolds, Introduction, in: ders., The Qurʾān and its Biblical Subtext, New York 2010, 3–30.
10 Eine vehemente Zurückweisung dieser Vorstellung findet sich bei James E. Montgomery, The Empty Hijaz, in: Arabic Theology, Arabic Philosophy.

Region, auszugehen, die erst durch das Kommen des Islam in eine Epoche kultureller Blüte überführt worden sei. Wir müssen vielmehr annehmen, dass schon vorher ein umfassender Wissenstransfer stattgefunden hatte und daher auch ein breites Spektrum biblischer und post-biblischer Traditionen der Hörerschaft Muhammads bereits vertraut war. Diese wurden von ihnen jedoch nicht etwa unmittelbar übernommen, sondern ausführlich verhandelt – der Koran reflektiert den Prozess rigoroser Prüfung, Revision und letztendlich Supersession von grundlegenden jüdischen und christlichen, aber auch paganen Traditionen. Will man die Leistung des Koran nicht nur im Rahmen der Religionsgeschichte, sondern auch einer allgemeinen Wissensgeschichte angemessen einordnen, darf man diesen Prozess einer massiven kulturellen Übersetzung nicht aus dem Blick verlieren.

Unserem Versuch einer Nachzeichnung dieser Entwicklungen liegt die These zugrunde, dass es gerade die Bibel war, deren Sinnpotenzial die koranische Gemeinde – durch einen langen Prozess der Verhandlung und partiellen Aneignung – in Stand setzte, ihre eigene Identität zu konstruieren – wie auch die christliche Religionsgemeinschaft sich zu ihrer Zeit aufgrund ihrer besonderen Bibellektüre eine neue Identität erschlossen hatte. Diese Identitätsbildung scheint aber im Fall der koranischen Gemeinde unter so verschiedenen Umständen geschehen zu sein, dass man von einer „doppelten Bibelrezeption" sprechen muss. Denn die „Bibel" ist zur Zeit der Koranentstehung keine eindeutige Bezeichnung mehr. Wie der amerikanische Biblist James Kugel[11] betont, hatte die hebräische Bibel, die lange weitgehend den Eliten vorbehalten gewesen war, in der Spätantike eine massive Popularisierung durchgemacht, sie war zur Grundlage des Glaubens auch einfacher Frommer geworden. Vor allem hatte sie mit dem bereits für das 2. vorchristliche Jahrhundert postulierten Versiegen der Prophetie und der Schließung des Kanons neue „Hüter" erhalten: die Schriftgelehrten,

---

From the Many to the One. Essays in Celebration of Richard M. Frank, hg. v. James E. Montgomery, Leuven 2006, 37–97. Montgomerys These wird von einer Fülle neuer archäologischer Funde gestützt, vgl. Robert G. Hoyland, Arabia and the Arabs. From the Bronze Age to the Coming of Islam, London 2001; Roads of Arabia. Archäologische Schätze aus Saudi-Arabien, Ausstellungskatalog Museum für Islamische Kunst Berlin, Berlin 2012.

11 James L. Kugel, How to Read the Bible. A Guide to Scripture, Then and Now, New York 2007, 5–8.

*khahamim*¹². In den Händen dieser Bibelkundigen hatte sie eine doppelte Neulektüre erfahren, eine jüdische und eine christliche. Mit dieser verschiedenen Lektüre der Bibel vollzog sich das Auseinandertreten, das „parting of the ways" von Judentum und Christentum, das sich – wenn wir James Dunn¹³ folgen – im 2. Jahrhundert abspielt. Zwar findet sich Exegese bereits in der hebräischen Bibel selbst, doch ist es erst die christliche Lektüre, die biblischen Ereignissen, Szenarien und Personen sachlich eine neue Deutung als typologisch auf das Wirken Christi vorausweisend unterlegt. Es geht also um die – für Paulus als erstem attestierte – „Erfindung der christlichen Hermeneutik"¹⁴, durch die Geschehnisse und Personen einen neuen Zeichenwert und eine neue Brisanz und Dringlichkeit erhalten. Es gibt also zur Zeit der Koranentstehung bereits zwei Manifestationen der Bibel, eine christliche, aber auch eine jüdische, die in der dialektischen rabbinischen Exegese lebendig ist. Beide haben sich im 7. Jahrhundert bereits weit auseinander entwickelt; im christlichen Verständnis – am meisten ausgeprägt in der alexandrinischen Tradition – hat die neue christologische Lektüre die jüdische ersetzt. Für den Koran kann diese Entwicklung aber nicht selbstverständlich vorausgesetzt werden; hier ist die Frage noch zu stellen, welche der beiden Lektüren sich der Koran zu eigen macht. Folgt er in seinem Verständnis der Bibel der jüdischen oder der christlichen Tradition? Und damit verbunden: Trennt der Koran, wie die christliche Tradition es praktiziert, rigoros zwischen der Bibel und ihren ursprünglichen Erben, den Israeliten und späteren Juden, indem er ihnen jede Autorität abspricht, die Bibel kompetent zu interpretieren? Oder bleibt der jüdischen Exegese der Status einer autoritativen Stimme erhalten? Wie finden sich Juden und Christen in Verbindung mit ihrer jeweiligen Bibel im Koran reflektiert? Und wie wirkt sich die Begegnung mit ihnen auf die Gemeindebildung, auf die Herausbildung des Islam als einer eigenen Tradition aus?

---

12 Vgl. dazu Moshe Halbertal, People of the Book. Canon, Meaning, and Authority, Cambridge MA 1997, 19–23.
13 James D. G. Dunn, The Partings of the Ways. Between Christianity and Judaism and Their Significance for the Character of Christianity, London 1991, 238–243.
14 Margaret M. Mitchell, Paul, the Corinthians and the Birth of Christian Hermeneutics, Cambridge 2010, ix f.

1.2 „Schrift-Enteignung": Ein Präzedenzfall mit Wiederholung?

Dass die Bibel in der christlichen Tradition eine Exklusion der jüdischen Erben impliziert, dass sie dem christlichen Selbstverständnis nach nur in ihrer christlichen Deutung ihren vollen Sinn entfaltet, ist eine Überzeugung, die sich bereits in der Spätantike herausbildet. Die sich im Mittelalter herauskristallisierende Anklage des „Gottesmords" weist den Juden weiterhin eine Kollektivschuld am Tod Jesu Christi zu, durch die sie ihre Erwählung zum Volk Gottes verwirkt hätten, so dass ihre ursprüngliche Auszeichnung auf die Kirche übergegangen sei. Gothische Skulpturen verbildlichen dies durch die Nebeneinanderstellung einer Allegorie des Judentums, Synagoge (Abb. 4), dargestellt als junge Frau mit verbundenen Augen, die zu kraftlos ist, um die Tafeln des Gesetzes noch halten zu können – sie entgleiten ihr –, und einer Allegorie des Christentums, Ecclesia, die sehend und im Vollbesitz ihrer Kraft – sie hält das Siegeszeichen des Kreuzes fest in ihrer rechten Hand – über die Synagoge triumphiert. Die theologische Entwicklung, die dahin geführt hat, ist vielfach nachgezeichnet worden[15]. Von der durchschlagenden Supersession jeglicher jüdischen Bibellektüre durch die christliche legt nicht nur die vormoderne europäische Kunst, sondern, wie Northrop Frye[16] besonders eindringlich gezeigt hat, auch die vormoderne europäische Literatur Zeugnis ab. „Bibel" ist also, genau betrachtet, von jeher keine eindeutige Bezeichnung, oder: Unter der vermeintlich eindeutigen Bezeichnung in der westlichen Tradition verbirgt sich eine unterdrückte Sinndimension.

Europäische Philologie hat sich bekanntlich aus der Bibelexegese gebildet (wenn diese auch methodisch von der ihr vorausgehenden Homerexegese zehren konnte). Die Bibel ist sozusagen der Fels, auf dem die Philologie errichtet ist. Aber welche Bibel, wessen Bibel ist das? Wir haben erst in jüngerer Vergangenheit durch einen großen philologischen Denker, Maurice Olender[17], zu ermessen gelernt, wie wirkmächtig die Option für die exklusiv christliche Bibel für die in der Philologie vorgenommenen Konstruktionen von Weltbildern gewesen

---

15 Frank E. Manuel, The Broken Staff. Judaism through Christian Eyes, Cambridge MA 1992.
16 Northrop Frye, The Great Code. The Bible and Literature, London 1982.
17 Maurice Olender, Die Sprachen des Paradieses. Religion, Philologie und Rassentheorie im 19. Jahrhundert, Frankfurt 1995, 26 (frz. Original: Les langues du Paradis. Aryens et Sémites, un couple providentiel, Paris 1989).

Abb. 4
Ecclesia und Synagoge, Kathedrale von Straßburg, ca. 1320
Musée de l'Œuvre Notre-Dame

ist. Dass christliche Exegese die Bibel schon früh vom „Volk der Bibel" trennte, war zunächst eine theologische Entscheidung gewesen, sie wurde später jedoch zur Grundlage einer wissenschaftlich eingekleideten ideologischen Konstruktion.

Als im 18. Jahrhundert europäische Gelehrte die Disziplinen der Semitischen und der Indoeuropäischen Studien schufen, erfanden sie „in der imaginären Figur des Hebräers und des Ariers ein [schicksalhaft] vorbestimmtes Paar, das, weil es den christianisierten Okzidentalen das Geheimnis ihrer Identität liefert, ihnen ihren Adelstitel für die geistliche, religiöse und politische Beherrschung der Welt überträgt." In dieser Konstruktion „verfügt das Hebräische [...] über das Privileg des [biblischen] Monotheismus, doch bleibt es [...] unbeweglich, den christlichen Werten wie dem Fortschritt der Kultur und des Wissens verschlossen."[18] Die Sprachnation der „Hebräer" – als Antipode zu den „Indogermanen", den „Ariern", konstruiert – hatte dieser Theorie zufolge also nur eine einzige kulturelle Leistung erbracht: die

---

18 Jean-Pierre Vernant, Vorwort, in: Olender, Die Sprachen (wie Anm. 17), 10.

Übermittlung der Bibel. Gleichsam verbohrt in einen erstarrten Monotheismus, entbehrte sie aber aller jener imaginativen Kräfte, die die Fortschrittsfähigkeit der Arier verbürgten, welche sich bereits durch ihre dramatisch bewegte Mythologie für eine aktive Rolle in der Geschichte qualifiziert zu haben schienen. Den Hebräern dagegen war nicht einmal die von ihnen einzig in die Kultur eingebrachte Bibel in ihrem tieferen Sinn zugänglich, denn dieser war erst durch die christliche Deutung erkennbar. Die als archaisch abgestempelten Hebräer, d. h. empirisch: die Juden, stehen damit außerhalb der Geschichte.

Insbesondere Ernest Renans[19] zugespitzt formulierte Kontrastierung der beiden Sprachfamilien forderte zur Debatte heraus. So legte bereits Ignaz Goldziher[20], der Gründervater der kritischen Islamwissenschaft, zur Widerlegung der These von der Mythenlosigkeit der Hebräer eine gewagte, an den damals neuesten Erkenntnissen der Mythenforschung orientierte Neu-Interpretation weiter Teile des Buches Genesis vor, in denen er typische Charakterzüge mythischen Denkens zu entdecken meinte – eine zu ihrer Zeit gewagte Erwiderung auf Renan. Seine Beobachtungen sind inzwischen durch Northrop Fryes für die biblische Sprache konstruierte Entwicklungstheorie wie auch spätere breit angelegte historische Forschungen von Biblisten wie Michael Fishbane[21] weiter entwickelt worden. Alle intellektuellen Bemühungen um Repatriierung der Juden in die Geschichte waren aber umsonst – erst mit der Umsetzung des biblischen Mythos in Realität, mit der Verwirklichung des zionistischen Projekts, konnten die ihrer Schrift Enteigneten in die Geschichte zurückkehren.

So durchsichtig essentialistisch diese Vorwürfe bereits zu ihrer Zeit waren, so zählebig scheinen sie doch zu sein. Es verwundert deshalb nicht, dass eine vergleichbare Bilder- und Mythenfeindlichkeit und damit Imaginationsschwäche auch den Arabern attestiert wurde. Auch in ihrer Kultur werden Epos und Drama vermisst[22], auch sie sind einer noch lange verbreiteten Ansicht zufolge kompromisslos bilderfeind-

---

19 Vgl. zu Ernest Renan Olender, Die Sprachen (wie Anm. 17), 58–86.
20 Ignaz Goldziher, Der Mythos bei den Hebräern und seine geschichtliche Entwickelung. Untersuchungen zur Mythologie und Religionswissenschaft, Leipzig 1876. Vgl. dazu Olender, Die Sprachen (wie Anm. 17), 211–242.
21 Michael A. Fishbane, Biblical Interpretation in Ancient Israel, Oxford 1985.
22 Gustav E. von Grunebaum, Studien zum Kulturbild und Selbstverständnis des Islams, Festschrift zu seinem 60. Geburtstag, Zürich 1969, 37–47.

lich. Inzwischen sind diese Denkmuster für die säkulare arabische Kultur aufgegeben – ohne dass sie aber aus der Koranforschung verschwunden wären. Fortbestehende Neigungen zur Entmündigung der eigentlichen Erben des Koran – wie früher der Erben der Bibel – und der Reklamation der Interpretationshoheit für die christlich akkulturierte westliche Wissenschaft liegen offen zutage. Zwar entstand der Koran, die neue arabische Deutung der Bibel, „im vollen Licht der Geschichte"[23], ist also für ihr Verständnis nicht eigentlich auf Spekulationen angewiesen[24]: Das von der islamischen Tradition gezeichnete Bild der Koranentstehung aus dem Verkündigungsprozess Muhammads an seine Gemeinde hält kritischen Sichtungen der Überlieferung durchaus stand[25]. Dies wird vor allem durch den Text selbst immer wieder bestätigt, in dem sich die Gemeinde nicht nur als Empfängerschaft, sondern als ein Kollektiv von Mitsprechern, als Frager, als Konsensbildende spiegelt.

Gleichwohl ist der Text in der westlichen Rezeptionsgeschichte nicht so verstanden worden. Im 19. Jahrhundert war es der Koranforschung zwar gelungen, sich von jener Muhammad-zentrierten polemischen Vorgeschichte zu lösen, die für die Frühe Neuzeit typisch war[26] und von der selbst ehrgeizige Übersetzungsprojekte wie das von Marracci[27] (Abb. 2, oben S. XIII), die nicht ohne polemischen Begleittext veröffentlicht werden konnten, vor allem aber eine über weite Teile

---

23 Unter dieses Motto Renans (ursprünglich auf die Entstehung des Islam geprägt) stellten Berliner Koranforscher ihren damals neuen Zugang: die Wiederaufnahme der Wissenschaft des Judentums in die Koranforschung, vgl. „Im vollen Licht der Geschichte". Die Wissenschaft des Judentums und die Anfänge der Koranforschung, hg. v. Dirk Hartwig u. a., Würzburg 2008.
24 Dies wird freilich systematisch infrage gestellt von einer Forschergruppe um den christlichen Theologen Karl-Heinz Ohlig, Saarbrücken, die bereits durch die Titel ihrer Sammelbände eine skeptizistische Position signalisiert, vgl. Die dunklen Anfänge. Neue Forschungen zur Entstehung und frühen Geschichte des Islam, hg. v. Karl-Heinz Ohlig/Gerd-Rüdiger Puin, Berlin 2005.
25 Vgl. etwa Gregor Schoeler, Charakter und Authentie der muslimischen Überlieferung über das Leben Mohammeds, Berlin 1996.
26 Vgl. Hartmut Bobzin, Der Koran im Zeitalter der Reformation. Studien zur Frühgeschichte der Arabistik und Islamkunde in Europa (Beiruter Texte und Studien 42), Beirut 1995.
27 Ludovico Marracci, Alcorani textus universus ex correctioribus Arabum exemplaribus summa fide atque pulcherrimis characteribus descriptus, Padua 1698. Zu Marracci vgl. Bobzin, Koran (wie Anm. 26), 221 f.

Abb. 5
Fresko von Giovanni da Modena (ca. 1410), basierend auf Dante, Inferno 28,
der Prophet Muhammad am oberen rechten Rand
Bologna, San Petronio, Capella Bolognini

Europas verteilte Kunstproduktion Zeugnis ablegen (Abb. 5). Aber wenn man auch mit der Aufklärung ein vorteilhafteres Muhammadbild entwickelte, in dem seine Rolle als bedrohlicher militärischer Führer hinter seiner Bedeutung als Religionsstifter zurücktrat, so ging doch die ältere kritische Forschung weiterhin von Muhammad als einem „Autor" aus, der seiner Gemeinde bereits fertige, vorbedachte Texte vorträgt[28]. Da dieses Szenario nur bei Annahme von konspirativen „Informanten" aufrecht zu erhalten ist – der Korantext ist zu deutlich ein diskursiv erst wachsender Text, als dass er auf dem von Anfang an vorhandenen Wissen eines einzelnen Individuums basieren könnte –, trennte man sich zu Ende der 1970er Jahre von der Vorstel-

---

28 So das in der traditionellen Forschung gängige Bild, siehe etwa Johann Fück, Die Originalität des arabischen Propheten, in: ZDMG 90 (1936), 509–525 (wieder abgedruckt in: ders., Arabische Kultur und Islam im Mittelalter. Ausgewählte Schriften, hg. v. Manfred Fleischhammer, Weimar 1981, 142–152).

lung Muhammads als Autor, stellte dabei aber sogleich Muhammads Rolle als Urheber des Koran überhaupt infrage.

Die beiden 1977 gleichzeitig erschienenen Monographien von John Wansbrough und Patricia Crone[29], die die großen Narrative der frühesten Korangeschichte ins Reich der Fiktion verwiesen, indem sie für den Koran eine spätere anonyme Kompilation postulierten, ließen für längere Zeit jede historische Lektüre des Koran als basislos erscheinen. Da es keine weiteren zeitgenössischen schriftlichen Zeugnisse gibt, gilt der Koran der Majorität heutiger Forscher als Text ohne sicher rekonstruierbare Geschichte, wahrscheinlich eine anonyme Kompilation aus dem Kreis unbekannter Monotheisten einer späteren Zeit. Was ganz harmlos als wissenschaftliche Hypothese erscheinen könnte, löste 1977 einen Klimasturz in den Beziehungen zwischen Forschern in Ost und West aus. Mit der „revisionistischen" Hypothese war der Koran von seiner Gemeinde abgetrennt worden; dieser Gemeinde war ihre heilsgeschichtliche Vergangenheit, ihre Geburt aus dem einmaligen Ereignis der koranischen Verkündigung, bestritten worden. Typologisch erinnert dieser Vorstoß an die Schrift-Enteignung der Juden in der christlichen Tradition, denen ja auch die Qualifikation zum rechten Verständnis der Bibel bestritten wurde. Es dauerte auch gar nicht lange, bis die ersten Postulate eines christlichen Ursprungs[30] und damit einer nur für Christen verstehbaren Textform des Koran[31] erhoben wurden.

Diese Spuren eines immer noch andauernden textpolitisch voreingenommenen und oft aggressiven Umgangs mit dem Koran müssen uns sensibilisieren für die Brisanz, die der Philologie – gerade im Umkreis der Religionen – noch heute eignet. Vor diesem Hintergrund ist eine „flache" Lektüre des Koran, die sich nur auf selektive Phänomene, etwa die auf den Koran verstreuten biblischen „Subtexte", die gelegentlichen Spuren biblischer Traditionen im Koran, stützt, nicht nur methodisch mangelhaft, sondern auch ideologisch verhängnisvoll. Wenn im folgenden der Versuch unternommen wird, den Koran auf seine

---

29 John Wansbrough, Quranic Studies. Sources and Methods of Scriptural Interpretation, Oxford 1977; Patricia Crone/Michael Cook, Hagarism. The Making of the Islamic World, Cambridge 1977.
30 Günter Lüling, Über den Ur-Qur'ān. Ansätze zur Rekonstruktion vorislamischer christlicher Strophenlieder im Qur'ān, Erlangen 1974.
31 Christoph Luxenberg, Die syro-aramäische Lesart des Koran. Ein Beitrag zur Entschlüsselung der Koransprache, Berlin 2000.

Bibelrezeption hin zu prüfen, so muss dazu der Horizont entscheidend geweitet werden. In das koranische Gespräch mit der christlichen wie auch der jüdischen Bibel sind komplexe Faktoren involviert: Autoritätsträger ist nicht nur die biblische Tradition selbst, mündlich vermittelt durch synkretistisch Gebildete in Mekka und jüdisch bzw. christlich Gebildete in Medina. Ganz entschieden müssen auch reale Akteure, der Prophet und seine Gemeinde, in ihrer aktiven und formgebenden Rolle wahrgenommen werden. Denn sie sind es, die durch stete Verhandlung nicht nur der biblischen Traditionen, sondern auch noch anderer Formen des kulturellen Erbes, vor allem der paganen altarabischen Dichtung, eine konsensfähige neue Theologie erarbeiten. Ihnen treten – in Medina – deutlich antagonistische Gesprächspartner entgegen, so dass mit dem Eindringen dieser neuen Stimmen die vorher gegenüber Paganen und Synkretisten vertretene Eindeutigkeit des Wortes Gottes ins Wanken gerät. Ein neues *certum*[32], eine neue offenere Deutung, tritt neben die bis dahin als verfügbar erachtete *eine* Wahrheit, das *verum* der himmlischen Schrift. Als ein dritter wichtiger Träger von Autorität bildet sich dabei auch der stetig anwachsende Textbestand des Koran selbst heraus, der einen nicht mehr reversiblen, sich nur kontinuierlich weiter erhöhenden Stand einer neuen Schriftbildung transportiert, dies jedoch unter dem Vorzeichen der – mit der Mündlichkeit gegebenen – Offenheit für die Eintragung von stets neuen Deutungen.

Jeder dieser drei „Akteure", der – sich als Autorität herausbildende, wachsende – Koran, der Prophet mit seiner Gemeinde und die Bibel, soll im Mittelpunkt eines oder mehrerer der folgenden Kapitel stehen, wenn auch in versetzter Reihenfolge. Zu Anfang (2. Der Koran *vor* der Etablierung der Schrift-Autorität) muss der Blick auf den frühesten, d. h. noch nicht explizit Bibel-bezogenen Koran fallen, insbesondere auf die in ihm erkennbare Selbstautorisierung der Verkündigung. Hier stellt eine deutlich durchscheinende neue Logos-Theologie bereits die Weichen für die später erfolgende Bibelrezeption, indem sie den anderswo von der christologischen Logos-Lehre eingenommenen Platz bereits im Vorhinein durch eine rein Wort-zentrierte Logos-Vorstellung besetzt hält, die sich mit dem Vortrag des Propheten, *qurʾān*, verbindet.

---

32 Siehe Pollocks Wiedereinführung dieser Kategorien (s. o. bei Anm. 5).

Während dieses frühe Phänomen einer theologischen Positionierung schwer eindeutig zu kontextualisieren ist, ist die andere für den frühen Koran prägende Tradition leichter zuzuordnen: die lebendige Praxis der Psalmenrezitation. Sie war und ist integraler Teil der ostkirchlichen – wie auch synagogalen – liturgischen Praxis. Unübersehbare Verbindungen zu den Psalmen nicht nur als Texten, sondern auch als Szenarien eines Gott-menschlichen Gesprächs bezeugen die Entwicklung des frühesten Koran aus einer psalmistischen – rein mündlichen, noch nicht Schrift-bezogenen – Frömmigkeit. Aber bereits in dieser frühen Periode, wo noch keine theologische Rivalität wirksam ist, ist eine neue Weichenstellung unverkennbar: In die psalmistischen Szenarien wird ein spätantikes Weltbild eingepflanzt, das in seinem Geschichtsverständnis stark geprägt ist von den halbinselarabischen Ruinen-Szenarien und das sich für sein Zukunftsverständnis an eschatologischen Erwartungen orientiert. Obwohl nicht von realen christlichen Gesprächspartnern repräsentiert, wirkt sich die christologische Stoßrichtung der Lektüre biblischer Texte früh als Herausforderung aus, der man dialektisch begegnet: Die für die christliche Exegese so charakteristische Deutung biblischer Texte auf die Eschatologie hin – eine Variante des jüdischen *pesher* – wird im Koran „gegen den Strich" angewandt, gerade mit dem Ziel der Eliminierung der Hinweise auf eine christologisch geprägte Eschatologie.

Noch in der frühmekkanischen Periode[33] wird aber auch die Schrift, zunächst in Gestalt der himmlischen „Lesevorlage" für die koranische Verkündigung, entdeckt – ein Prozess, der, insofern er den Übergang von einer „rituellen Kohärenz" der koranischen Gemeinde zu ihrer „textuellen Kohärenz" (Jan Assmann)[34] initiiert, eine ausführliche Behandlung in einem eigenen Kapitel (3. Die neue Autorität der Schrift) verlangt. Hier operiert Textpolitik in besonders raffinierter Form, indem sie sich den enigmatischen Charakter eines Schrift-bezogenen Schlüsselworts der altarabischen Poesie (*waḥy*), zunutze macht,

---

33 Für die auf Theodor Nöldeke zurückgehende Chronologisierung der Suren in früh-, mittel- und spätmekkanische und medinische Suren sowie für einen Versuch, die frühmekkanischen Suren in eine plausible Reihenfolge zu bringen, vgl. Angelika Neuwirth, Der Koran. Handkommentar mit Übersetzung, Bd. 1. Frühmekkanische Suren, Berlin 2011, 39–61.

34 Jan Assmann, Das kulturelle Gedächtnis. Schrift, Erinnerung und politische Identität in frühen Hochkulturen, München 1992, 87–104.

das kontextgebunden für die „verschlüsselte, nicht verbal verständliche Botschaft der in der Landschaft sichtbaren unlesbaren Felsinschriften" steht. Die Wiederverwendung dieses Wortes – *waḥy* – als Bezeichnung der prophetischen Inspiration ermöglicht es, aus der Klage über menschliche Aporie eine triumphale Feststellung ihrer Auflösung durch den Vorgang der Offenbarung zu machen. Das ist möglich, weil die Inspiration des Propheten eine gleichfalls verschlüsselte Botschaft ist, die erst durch ihn – dank seiner Prophetengabe – in eine verbale Aussage übersetzt wird. Gleichzeitig wird die Verkündigung mit einer neuen Autorität ausgestattet, indem ihre Herkunft aus der präexistenten himmlischen Schrift abgeleitet wird – eine Wertsteigerung der Schrift, die erst die Grenzüberschreitung von der Ablehnung des Schrift-Bildes zu seiner enthusiastischen Akzeptanz ermöglicht, durch die „das Buch", „die Schrift", *kitāb*, und damit das Schriftcorpus der Bibel ins Zentrum der Aufmerksamkeit treten kann.

Biblische Texte verweben sich im Verlauf der mittel- und spätmekkanischen Zeit zu einer Textwelt, die die Realwelt der Gemeinde infrage stellt und weitgehend entwertet (4. Mekka und das Gespräch mit der christlichen Bibel: Von der „wohlbewahrten Tafel" zur Schrift). Dass die hier einwirkende Bibel christlich geprägt ist, zeigen neutestamentliche Erzählungen und neutestamentlich konnotierte Gattungen wie die Parabel, es zeigt sich auch in zahlreichen Spuren christologischer Lektüren, die im Korantext – noch erkennbar – „korrigiert" werden. Es bleibt aber nicht etwa bei einer „Text-Rezeption" – was sich vielmehr vollzieht, ist eine „Fortschreibung", ein „Weiterdenken" der biblischen Texte, die nunmehr mit ihren liturgischen Ramifikationen auch zur Genese neuer Kultformen der jungen Gemeinde beitragen: Etwa gleichzeitig mit der Einführung der Gebetsrichtung, der Orientierung der Gebete nach Jerusalem, entsteht die *Fātiḥa*, das Gemeindegebet, das zugleich als Introitus der frühesten islamischen Gebetsliturgie fungiert. Mit der *Fātiḥa* zusammen gehört die *Basmala*, die von mittelmekkanischer Zeit an allen Suren vorangestellte Invokationsformel „Im Namen Gottes, des barmherzigen Erbarmers", deren Barmherzigkeitsreferenz deutlich an das in der christlichen Bibellektüre und ihrer liturgischen Resonanz so dominierende Bild des barmherzigen Gottes anknüpft. Typologie – das wohl prominenteste Merkmal christlicher Bibellektüre – beginnt, sich auch in den koranischen Erzählungen auszuwirken. Mose, Jesus und Muhammad durchleben ihre maßgeblichen Erfahrungen, vor allem die Theophanie, in verwandter Form, wenn sich auch für den Verkünder ein neuer – den im 7. Jahrhundert inzwischen erreichten Gottes- und Heiligkeitsvorstellungen entsprechender – Rahmen als erforderlich erweist: An die Stelle des mythischen Heiligen Berges Horeb bei Mose und des Berges Tabor bei Jesus, auf dem Propheten (der erste, Mose, und der letzte, Elias) das Gespräch mit ihm suchen, tritt bei Muhammad das aufgrund der dortigen Bündelung historischer Ereignisse vielfach geheiligte historische Jerusalem als Begegnungsort mit der Präsenz Gottes (5. Das neue Gottesvolk auf dem Weg aus dem realen Mekka ins Gelobte Land).

In Medina ist es der ganz neue Schauplatz der Verkündigung, der neue Weichen stellt (6. Medina und das Gespräch mit der jüdischen Bibel: Neue religionspolitische Auslegungen biblischer Geschichten). In Medina sind es nicht mehr „Traditionen" als Teile eines offenbar von vielen Gebildeten geteilten religiösen Wissens, sondern die realen Erben dieser Traditionen, die Christen, vor allem aber die Juden, die zur Debatte herausfordern. Im Gespräch mit den neuen Partnern werden die bereits vertrauten und in Surentexten reformulierten Traditionen gewissermaßen unter das Mikroskop der gelehrten Exegese gelegt. Hier erweist sich so mancher scheinbar erbauliche Text als doppelbödig, nämlich zugleich als Medium einer tiefgehenden theologischen Kritik an der Gegenwart; so erhält etwa die in Mekka zunächst versöhnlich erzählte Geschichte vom Goldenen Kalb in Medina ihr zutiefst verunsicherndes Potenzial als Urszene menschlicher Selbstverschuldung zurück – eine Einsicht, die sich eindeutig der – in maßgeblichen liturgischen Texten dokumentierten – jüdischen Diskussion dieser Erzählung verdankt. Neben dieser Vertiefung des Bibelverständnisses, die zugleich eine erhebliche Autoritätssteigerung des Propheten als Exegeten zum Ausdruck bringt, ist es vor allem ein hermeneutischer Entwicklungssprung, der die reale Vielfalt der Religionstraditionen schärfer in den Blick treten lässt: die Anerkennung der Ambiguität der göttlichen Botschaften, des zuweilen sogar paradoxen Wortes Gottes. Sie ist es, die die vorher oft beschworene Eindeutigkeit des mitgeteilten Gotteswortes aufbricht und damit neue Möglichkeiten der Auflösung von erstarrten Gegensätzen eröffnet. Spätestens mit den hier einschlägigen Versen Q 3:7 f.[35] wird neben dem postulierten *verum* der Schrift auch das *certum* der Schriftleser im Korantext selbst zugelassen, selbst paradoxale Elemente der christlichen Gründungsgeschichte werden damit erklärbar.

Unter den weiteren neuen Errungenschaften, die die Genese einer eigenen neuen Identität der Gemeinde, letztendlich ihr *nation building*, vorantreiben sind gewiss die ganz neuen legislativen Sektionen der medinischen Suren, die mit solchen aus der Hebräischen Bibel kontextualisiert zu werden haben. Nicht sie sollen jedoch Gegenstand dieses Surveys sein, sondern zwei große Revisionen von früher – in Mekka – eingenommenen Positionen (7. Die Konstruktion einer neuen Identität: Erstes islamisches *nation building*): zum einen die Verlagerung des Schwerpunkts von dem Prophetenvorbild Mose auf Abraham, dessen Präsenz in Mekka noch wenig prominent war, dessen überragender Akt der Gottestreue nun in Medina aber von neuem entdeckt wird. Mit der Kehrtwendung zu Abraham verbunden ist zum anderen die Aufgabe der alten *topographia sacra* mit ihrem Zentrum Jerusalem, die nun durch Mekka und seine Umgebung ersetzt wird. Die mit der Entdeckung der Ambiguität in der Schrift möglich gewordene Überbrückung von konträren Positionen zeigt sich nicht zuletzt in der Wiederentdeckung der eigenen Ursprünge durch die Gemeinde, der Wiederherstellung des mekkanischen Kultus, der nun als Ritualkult mit dem Wortgottesdienst nicht mehr konkurriert, sondern eine bleibende Verbindung eingeht. Diese neue Hermeneutik, die Vorstellung von den „vielen Gesichtern" der Schrift, die der Gemeinde seit der Feststellung von den „oszillierenden Versen" (Q 3:7) vertraut ist, weitet ihren exegetischen Horizont in ungeahnter Weise und eröffnet ihr die Freiheit auch zu gewagten Auslegungen der Bibel, wie sie im Wettstreit mit der jüdischen Gemeinde in Medina erforderlich werden. – Zwei ganz verschiedene Lektüren der Schrift sind also für den Koran vorauszusetzen. Ihren Spuren soll im Folgenden nachgegangen werden.

---

35 Q 3:7 f. „Er ist es, der die Schrift auf dich herabgesandt hat, darin sind eindeutige Verse – sie sind die Mutter der Schrift – und andere, mehrdeutige [‚oszillierende']. Diejenigen, die in ihrem Herzen schwanken, folgen dem, was mehrdeutig ist – im Streben danach, mit ihrer Auslegung Verwirrung zu stiften. Aber niemand vermag sie zu deuten als Gott."

2. Der Koran *vor* der Etablierung der Schrift-Autorität

2.1 Koranische Vorstellungen von der Herkunft der Verkündigung

Lange bevor der textuell stetig anwachsende Koran die Gestalt einer Textsammlung annahm, hatte sich eine Vorstellung hinsichtlich der transzendenten Herkunft wie auch des hohen Ranges der mitgeteilten Botschaft bereits herausgebildet. Der Text erscheint „herabgesandt". Zwar besteht das mit *tanzīl*, „Herabsendung", evozierte Bild einer vertikalen Vermittlung der göttlichen Botschaft im Koran nicht von Anfang an – die Idee der Herabsendung des Koran durch den göttlichen Sender begegnet in den frühmekkanischen Suren erst sporadisch, zuerst in Q 97:1, 69:43 und Q 56:80. Doch lässt sie Vertrautes anklingen, denn sie scheint auf den ersten Blick im Bild einer älteren Vorstellung von der vertikal imaginierten Vermittlung übernatürlichen Wissens[36] zu bleiben, und zwar der Dichter-Inspiration. „Gottes Herabsendung" wäre dann wie die korrigierende Ersetzung der vorislamisch geläufigen Vermittlung übernatürlicher sprachlicher Leistungen durch inspirierende Geister, „Djinnen"[37], oder Satane zu verstehen, die ihr aus höheren Sphären bezogenes Wissen auf die zu inspirierenden Individuen, d. h. Dichter oder Wahrsager, „herabbringen". Die Verbindung zu diesen Vermittlern wird etwas später, in Q 26:221 f., für den Verkünder implizit zurückgewiesen:

> Soll ich euch künden, auf wen die Satane herabkommen?
> Sie kommen herab auf alle frevlerischen Lügner [d. h. Dichter, A. N.].

Andere, frühere Texte wie Q 69:41–43 wenden sich sogar explizit gegen die – in 26:221 f. abgewiesene – Unterstellung einer Inspiration des Verkünders nach dem Muster der Dichter, deren „Musen" im altarabischen Kontext die inspirierenden Dämonen sind. Ihrem *qawl*, d. h.

---

36 Vgl. Stefan Wild, „We have sent down to thee the book with the truth ..." – Spatial and Temporal Implications of the Qur'anic Concepts of *nuzūl*, *tanzīl* and *inzāl*, in: The Qur'an as Text, hg. v. Stefan Wild, Leiden 1996, 137–153.

37 Vgl. Jacqueline Chabbi, Art. Jinn, in: Encyclopaedia of the Qur'ān (wie Anm. 7), Bd. 4, 43–50. Zur Reflexion der Djinnen im Koran vgl. Gerald Hawting, Eavesdropping on the Heavenly Assembly and the Protection of the Revelation from Demonic Corruption, in: Self-Referentiality in the Qur'ān, hg. v. Stefan Wild, Wiesbaden 2006, 25–38.

ihrer nicht transzendent verbürgten „Rede", wird dabei das Gotteswort entgegengestellt:

> Es ist nicht die Rede eines Dichters – wie wenig ihr doch glaubt!
> Noch die eines Wahrsagers – wie wenig ihr euch doch mahnen lasst!
> Es ist vielmehr eine Herabsendung vom Herrn der Welten.[38]

Die Herabsendungs-Metapher wäre – in diesen Kontext „anti-paganer" Polemik gestellt – zunächst im Sinne einer „Korrektur", d. h. der apologetisch motivierten Neubesetzung einer vorgegebenen mythischen Konfiguration, also noch nicht als Resultat theologischer Reflexion zu verstehen. Nicht ein Dämon, sondern – wie eine andere frühe Sure, Q 53:5-12, andeutet – ein Engel hat die Botschaft herabgebracht. Die Rolle dieses Engels wird später mit der des Ankündigungsengels Gabriel verglichen, der Maria die Kunde vom Kommen des Sohnes bringt (Abb. 6 und 7). Es fällt jedoch auf, dass *tanzīl* in späteren Korantexten auch als Modus der Vermittlung der übrigen heiligen Schriften gilt, die alle als *munazzal*, „herabgesandt", gelten, und gewissermaßen „Exzerpte" aus einer präexistenten himmlischen Schrift darstellen. *tanzīl* ist in der späteren Zeit also kein koranisches Spezifikum mehr.

War *tanzīl*, „Herabsendung", aber überhaupt jemals ein koranisches Spezifikum, ein Empfangsmodus, der nur den Koran betrifft? Gerade die ältesten *tanzīl*-Verse legen die andere Möglichkeit nahe, dass das Bild der Herabsendung nicht an pagane, sondern an ältere monotheistische Vorstellungen anschließt. Q 97, „Die Nacht der Bestimmung" lautet:

> Wir sandten ihn herab in der Nacht der Bestimmung,
> Was lässt dich wissen was sie ist, die Nacht der Bestimmung?
> Die Nacht der Bestimmung ist größer als tausend Monate.
> In ihr steigen die Engel herab in Einverständnis mit ihrem Herrn mit allen möglichen Aufträgen.
> Friede ist sie bis zum Anbruch der Morgendämmerung.

Vers 1 würde bei der Deutung von „ihn" im Sinne eines bestimmten Textes Rätsel aufgeben. Das mit -*hu*, „ihn", Bezeichnete kann tatsächlich nicht auf die gerade vorgetragenen Worte verweisen, denn Q 97:1 ist ein Neueinsatz. Es steht offenbar vielmehr für eine darüber hinaus-

---

38 Vgl. zum Status des Dichters im Milieu der Korangenese Neuwirth, Der Koran als Text der Spätantike (wie Anm. 2), 672–722.

Abb. 6
Szene aus der „Sammlung der Historien" (Jami' al-Tawarikh) des Raschid al-Din
(Fadl Allah al-Hamadhani)
Edinburgh, University Library, Ms. arab. 20, fol. 45ᵛ, dat. ca. 1314

weisende autoritative Manifestation des Wortes Gottes, ein Analogon zu den „Verkörperungen" des Wortes Gottes in den Nachbartraditionen[39]. Im Nizänischen Glaubensbekenntnis heißt es von Christus, er sei „herabgestiegen vom Himmel" (gr. *katheltonta ek tou ouranou*, arab. *nazala min al-samā'*). Das Bild des Herabsendens könnte also in frühmekkanischer Zeit durchaus auf eine Manifestation des Wortes Gottes zielen, die über die verbal-semantische Vermittlung hinausgeht und als „vokale Verkörperung" neben den sonst mit der Schrift gegebenen Erscheinungsformen von Lehre und Rechtleitung steht. Der triumphale Ton der Mitteilung ist unverkennbar: Die Herabsendung des Gotteswortes in der „Nacht der Bestimmung" ist begleitet von einer Schar

---

39 Zu der Hypostasierung des Gotteswortes in der spätantiken jüdischen Tradition vgl. Daniel Boyarin, Border Lines. The Partition of Judaeo-Christianity, Philadelphia 2004, 89–147; Karel van der Toorn, Scribal Culture and the Making of the Hebrew Bible, Cambridge MA 2009, 221–227.

Abb. 7
Leonardo da Vinci, Verkündigung des Herrn (ca. 1475–80)
Florenz, Uffizien

von Engeln (Q 97:4: „in ihr steigen die Engel herab in Einverständnis mit ihrem Herrn mit allen möglichen Aufträgen"); der Himmel hat sich geöffnet – nicht anders als bei der Geburt Jesu, Lk 2,1–20, die ihrerseits von Engelerscheinungen begleitet wird[40]. Obwohl sich der Koran dezidiert nicht als inkarniertes, sondern als verbal-definiertes Gotteswort ausweist, zeigt er doch – wie aus dieser Parallele des „Herabgekommenseins" beider hervorgeht – ausgeprägte strukturelle Analogien zu dem Mensch gewordenen Gotteswort, dem inkarnierten Logos, so dass in neuerer Zeit sogar vom Koran als einer „Inlibration", „Buchwerdung des Gotteswortes" gesprochen worden ist[41].

Präexistenz des Koran? Spuren einer Logos-Theologie im Koran
Was uns zu dieser Deutung von Q 97 und damit zu der Annahme berechtigt, dass der Erhalt der Botschaft von der koranischen Gemeinde selbst bereits in den Kategorien von jüdischer oder christlicher Logos-Theologie begriffen wurde, ist die theologische Entwicklung seines Umfelds. Der Koran konstituiert sich in der Spätantike, in der der Schrift-Diskurs längst ausdifferenziert ist. Neben die Schrift sind schon um die Zeitenwende mit der Weisheit, *sophia*, bzw. dem „Wort", *memra* (aramäisch für *logos*), Erscheinungsformen des Wortes Gottes getreten,

---

40 Christoph Luxenberg, Weihnachten im Koran, in: Streit um den Koran. Die Luxenberg-Debatte. Streitpunkte und Hintergründe, hg. v. Christoph Burgmer, Berlin 2005, 35–41.
41 Neuwirth, Der Koran als Text der Spätantike (wie Anm. 2), 158–167.

die als Vermittler göttlichen Wissens an die Menschen fungieren. Der auf die Welt wirkende göttliche Logos, *memra*, der im frühen synagogalen Judentum vertreten wird – und als „zweite Kraft im Himmel" heftige Polemik der Rabbinen auslöst –, wird im christlichen Kontext – am nachhaltigsten im Fortgang des Johannes-Prologs – christologisch identifiziert[42]. Das Wort Gottes, verkörpert im Logos, oder sogar inkarniert in Christus, hat sich damit neben die göttliche Selbstmitteilung durch Schrift gestellt. Diese Zunahme an Komplexität im Verständnis des Wortes Gottes spiegelt sich nicht erst im späteren Umgang mit dem Koran, dessen feierliche Rezitation im freitäglichen Gemeindegottesdienst in der Position der Eucharistie-Feier des christlichen Gottesdienstes steht[43], sondern bereits in der Korangenese selbst. Sie hat deutliche Spuren vor allem in dem viel rezitierten Prolog zu der am Ende der frühmekkanischen Periode stehenden Sure 55 hinterlassen.

Dieser Prolog (Q 55:1–4) preist in einem für das gesamte Textcorpus beispiellos feierlich-pathetischen Ton den Koran selbst als das präexistente Wort Gottes und erweckt bereits von seinem Sprachstil und seinem theologischen Anspruch her die Erwartung, dass mit ihm eine autoritative Aussage aus den älteren Traditionen beantwortet werden soll.

> Der Barmherzige –
> Er lehrte den Koran.
> Er schuf den Menschen.
> Er lehrte ihn das Verstehen/die klare Rede.

Das Wort *qur'ān* in Vers 3 kann nicht das später erreichte Textcorpus meinen, noch die Praxis der Rezitation. Dass vielmehr – wie in Q 97:1 – etwas Geschichte und Realität Transzendierendes gemeint sein sollte, geht bereits aus der Nennung von *qur'ān* noch vor der Nennung des Schöpfungsaktes hervor. Die hier wirkende Kraft der Gott-menschlichen Kommunikation zeigt wieder deutliche Ähnlichkeit zu Logos-Vorstellungen, die ihn als Mittler zwischen göttlicher und menschli-

---

42 Vgl. dazu Boyarin, Border Lines (wie Anm. 39), 89–127.
43 Zu den Auseinandersetzungen zwischen den frühen Theologen, denen die Nähe von Koran und inkarniertem Wort Gottes selbst zum Problem wurde, vgl. Josef van Ess, Theologie und Gesellschaft, Berlin 1991–1997, Bd. 4, 615; Bd. 6, 411 und David Thomas (Hg. und Üs.), Early Muslim Polemic against Christianity. Abū 'Īsā al-Warrāq's „Against the incarnation", Cambridge 2002, 37–59.

cher Sphäre darstellen. Auch scheint die besonders feierliche Form des Surenprologs auf eine Herausforderung zu antworten, nämlich die Notwendigkeit, einem bereits vorfindlichen, ähnlich herausragenden Text pari zu bieten. Ein solcher – demselben Phänomen des Wortes Gottes gewidmeter – theologischer Schlüsseltext ist innerhalb der christlichen Tradition der Prolog zum Johannes-Evangelium (Joh 1,1–5.10):

> Im Anfang war das Wort,
> und das Wort war bei Gott, und Gott war das Wort.
> Dasselbe war im Anfang bei Gott.
> Alle Dinge sind durch es geschaffen, ohne es ist nichts geschaffen.
> In ihm war das Leben und das Leben war das Licht der Menschen.
> Das Licht scheint in der Finsternis, aber die Finsternis hat es nicht ergriffen. [...]
> Er war in der Welt, die Welt entstand durch ihn,
> doch sie wies ihn ab.

Dieser Text reflektiert, wie Daniel Boyarin[44] gezeigt hat, einen in den Targumen bewahrten weisheitlichen Midrasch zum Schöpfungsbericht, der von dem *memra* erzählt, der immer wieder in die Welt hinabsteigt, um die Verbindung zwischen Gott und Menschen zu stärken, dabei aber scheitert, so dass er – nach christlicher Vorstellung – erst durch die Inkarnation sein Werk vollenden kann. Auf die christliche Vereinnahmung des Logos hin ersetzte die jüdische Tradition den *memra* durch die präexistente Tora.

Ein kurzer Vergleich der beiden Prologe ergibt dennoch keine ganz kohärente Parallele: Zwar stellen beide das Wort Gottes als präexistent dar, doch besitzt der *qurʾān* keine Schöpferkraft, die vielmehr einzig Gott selbst eignet. Er manifestiert sich dagegen in der Vermittlung von Wissen, insofern er „gelehrt" wird (Vers 2); der koranische Logos erscheint also – nicht anders als nach der rabbinischen Vorstellung die Tora vorher – in Gestalt der Offenbarung. Sein Schicksal unter den Menschen wird nicht entfaltet, aber nichts deutet auf ein Scheitern. Das von den älteren Traditionen attestierte Scheitern des Logos ist aus koranischer Sicht durch eine göttliche Intervention abgewendet worden. Denn die Adressaten sind für seinen Empfang vorbereitet worden, wie Vers 4 zeigt, der eine weitere Spur des Logos aufweist: ʿallamahu

---

44 Boyarin, Border Lines (wie Anm. 39), 89–147.

l-bayān, „Er lehrte ihn das Verstehen [oder: die klare Sprache]". Diese dem Menschen verliehene Verstandesfähigkeit macht die Aufnahme des Logos möglich. Sie verleiht zugleich der koranischen Vorstellung von der Welt als eines Zeichensystems, *āyāt,* das der Mensch zu lesen hat, Plausibilität – eine Vision, die an Philos Vorstellung des *kosmos noetos* erinnert, die archetypische Welt der Ideen, die ihren Ursprung im Logos hat und durch den Logos verständlich gemacht wird[45]. Logos ist also einerseits als *qurʾān* hypostasiert, als maßgebliche Kraft, die diese Gott-menschliche Kommunikation herstellt, zum anderen ist Logos repräsentiert durch die den Menschen von Gott geschenkte Verständnisfähigkeit, *bayān*, durch die die Welt verstehbar wird. Dabei kommt Sprache besondere Bedeutung zu, was wiederum an Philos Logos-Lehre erinnert. Bekanntlich idealisiert Philo Sprache mehr als den Menschen. Für ihn gehört die ideale Sprache nicht in den Bereich der geschaffenen Dinge. Sie scheint eher mit Gott selbst der Präexistenz anzugehören. Im Koran scheint diese Dimension des Logos durch das in seiner Bedeutung oszillierende *bayān*, das neben Verständnisfähigkeit auch „klare Sprache" meinen kann, repräsentiert. Das in Q 55:2 mit *qurʾān* Gemeinte kommt am ehesten dem Begriff der Weisheit nahe – oder auch dem späteren jüdischen Verständnis zufolge der präexistenten Tora – wie sie in Spr 8,22 f. beschrieben wird: „Der Herr erschuf mich am Anfang seines Weges, als das erste seiner Werke": YHWH *qanani reshit darko qedem mifʿalav meaz*.

Die Stoßrichtung des Surenprologs ist eine andere als im Evangelienprolog. Sie zielt gerade nicht auf eine Erhebung des Logos zu einer „zweiten Kraft im Himmel" ab, wie die rabbinische Polemik an der frühen jüdischen Logos-Lehre beanstandet. Der koranische Logos manifestiert sich vielmehr in göttlicher Lehre und in der epistemischen Durchdringung der Schöpfung. Die spätantiken und koranischen Vorstellungen von der Wirkung des Logos auf die Welt sind also verschieden. Dennoch ist nicht zu übersehen, dass sich Sure 55 mit Logos-Vorstellungen auseinandersetzt und diese im Licht der neuen Manifestation des Wortes Gottes umdeutet. Indem der Text das Wirken des Logos aus einer neuen Perspektive betrachtet – nicht als Scheitern, sondern als göttlich vorbereiteten Erfolg –, invertiert er die negative

---

45 Vgl. zu den dabei involvierten Kräften Logos und Sophia Peter Schäfer, Weibliche Gottesbilder im Judentum und Christentum, Frankfurt/M. 2008, 64–68.

Vorgeschichte der johanneischen Inkarnation. Da der Logos nicht abgewiesen, sondern angenommen wird, ist die theologische Notwendigkeit der Inkarnation hinfällig. Obwohl der mit dem *qur'ān* gegebene Logos keine mit dem jüdisch-christlichen vergleichbar weitreichende Kompetenzen besitzt, ist er es doch, der erfolgreich in die Welt eindringt und in ihr wirkt. Auf jeden Fall ist er es, der die Position der Mittlerinstanz, die rabbinisch von der Tora, christlich vom inkarnierten Gottessohn behauptet wird, bereits besetzt hält.

2.2 „Koranischer Pesher": Schriftauslegung zum Erweis der eschatologisch aufgeladenen Realität

Dass christliche Interpretationen alttestamentlicher Texte auch in frühmekkanischen Suren bereits präsent sind und eine Herausforderung darstellen, zeigt sich besonders deutlich in Sure 90, „Die Stadt". Dieser kurze Text ist zugleich geeignet, die eng verwobene Neulektüre des paganen und des biblischen Erbes zu demonstrieren.

Q 90 Die Stadt

1 Soll ich schwören bei dieser Stadt,
2 – du bist doch Bewohner dieser Stadt –
3 bei einem, der zeugte und dem, was er gezeugt hat:
4 Wir schufen den Menschen in Beschwerlichkeit.

5 Glaubt er denn, dass keiner Gewalt über ihn hat?
6 Er spricht: ‚Ich habe viel Gut vertan.'
7 Glaubt er, dass ihn keiner gesehen hat.

8 Haben wir ihm nicht zwei Augen eingesetzt
9 und eine Zunge und zwei Lippen?
10 und ihn die beiden hohen Wege hinaufgeführt?

11 Er aber hat den Steilweg nicht erklommen.
12 Weißt du was ist der Steilweg?
13 Die Losbindung eines Nackens
14 oder die Speisung am Tag der Hungersnot
15 einer Waise aus der Verwandtschaft
16 oder eines Armen, der im Staub liegt.

17 Dann ist er von denen, die glauben
und sich zur Geduld anspornen
18 und sich zur Barmherzigkeit anspornen,
19 die sind die Genossen der rechten Hand.
20 Die aber, die leugnen unsere Zeichen,
die sind die Genossen der linken Hand.
21 Über ihnen lodernder Brand!

Die dreiteilige Sure wird eingeleitet mit einer drei Verse umfassenden Schwurserie bei der Stadt Mekka, *hādhā al-balad*, deren Rang innerhalb der Verkündigung bereits in Q 95:2 zur Sprache kam. Darin wurde Mekka als Ort göttlicher Selbstmitteilung mit dem Berg Sinai auf gleiche Ebene gestellt. Für Q 90 ist Mekka also bereits als das in Q 95:2 gefeierte *al-balad al-amīn*, die „sichere Stadt", vorauszusetzen. Zugleich ist es der Ort gesellschaftlicher Kohärenz, gestiftet durch Blutsbande, durch Vater-Sohn-Genealogien (Vers 3). Mit dem Gedanken der Zeugung und des Gezeugt-Werdens, hier thematisiert als Stiftung des elementaren Kerns jeglichen sozialen Zusammenlebens, wird bereits den Schöpfungszeichen, *āyāt*, des Mittelteils (Vers 8 f.) präludiert. Mit der wie in Q 95:1-4 und Q 55:1-4 doppelten, nämlich Schöpfung *und* göttliche Hinwendung – hier evoziert durch die Nennung der göttlich geheiligten, d. h. durch eine Theophanie ausgezeichneten Stadt – vereinigenden Anfangssetzung ist eine eschatologische Erwartung erweckt: die Einlösung des mit der göttlichen Kommunikation erhaltenen Pfandes durch den Menschen. Sie wird in Q 90 aber – wie in Q 95 – zunächst verzögert und erst mit den Schlussversen erfüllt werden. Strukturell eröffnen die Anfangsschwüre zwei Bildregister: das der Topographie, „Stadt", und das der menschlichen Physiologie, „Zeugung".

Als Schwuraussage folgt eine Rüge des Menschen, ein frühmekkanischer Topos, der dem Menschen eine ihm von Schöpfung an eignende Instabilität und Ambivalenz bescheinigt. Im konkreten Fall wird ihm Beschwerlichkeit, vielleicht im Sinne von Schwerfälligkeit im Verstehen, angelastet. Denn nur so ist sein protzendes Beharren auf Verschwendung zu erklären, einer Haltung aus der anthropozentrisch orientierten Lebenswelt des beduinischen Helden, die mit der neuen Verkündigung unvereinbar ist. „Er spricht: Ich habe viel Gut vertan" ist Anspielung auf einen poetischen Topos: die Auseinandersetzung mit dem Gebrauch von Besitz, die in der altarabischen Dichtung oft gestaltet ist. Sie besteht aus einem stereotypen Tadel-Spruch, vorgetragen von einer Gegenspielerin des Dichter-Helden, die seine Verschwendungssucht geißelt, und einer Replik des Helden. Q 90:6 ist eine selten enge Poesie-Paraphrase im Koran. Wie in der Poesie bekennt sich der Verschwender im koranischen Poesie-Zitat stolz zu seinem leichtfertigen Umgang mit Besitz, was sein Fehlverhalten noch schwerwiegender erscheinen lässt. Dieses Verhalten entspricht aber im paganen Kontext genau dem altarabischen Ethos, denn auch in der Poesie verteidigt der Dichter-Held seiner Tadlerin gegenüber stolz sein heroisches Prinzip: *fa-idhā sharibtu fa-innanī mustahlikun mālī* („Wenn immer ich trinke, dann bis zum Ruin meines Vermögens!")[46]. Der Koranvers zeigt mit dem Hinweis auf die pagane Verschwendungssucht nur die Spitze des Eisbergs auf, denn Verschwendungssucht ist Zeichen der im altarabischen Beduinentum als Tugend gefeierten Todesverachtung, einer Haltung, die der von der Verkündigung propagierten Gottesfurcht und gezügelten Lebensführung im Angesicht des Jüngsten Gerichts diametral entgegengesetzt ist. Insofern mit dem Ausspruch des Uneinsichtigen ein – in seinem ursprünglichen paganen Kontext positiv konnotiertes – Poesie-Zitat durchsichtig „umgedreht" wird, legt sich die Deutung der Sure im Sinne einer Ablehnung des nomadischen Milieus und eines Plädoyers für die Stadt als Prototyp einer gottgefälliges soziales Leben ermöglichenden gesellschaftlichen Organisation nahe.

Dem beduinisch-heroischen Ideal wird mit Argumenten aus der biblischen Tradition begegnet, zunächst einer Psalmen evozierenden Erinnerung an Gottes besondere Schöpfung des Menschen, dem er Sinnesorgane „eingesetzt", Augen und – stellvertretend für das Verstehens-Organ – Lippen zur Artikulation von überlegter Rede gegeben hat (Vers 8 f.), vgl. *oznayim karita li*, „Ohren hast du mir gebohrt", Ps 40,6. Die Redefigur der Nennung von besonderen Organen für den Menschen als verständiges und verantwortungsfähiges Wesen ist aus den Psalmen bekannt, doch modifiziert der Korantext die psalmistische Konvention: Während die Zunge in den Psalmen häufig zum Ausdruck der Unwahrheit missbraucht erscheint, wird sie in Q 90 zur Bezeugung der Wahrheit eingeführt.

---

46 So der altarabische Dichter ʿAntara, zitiert nach Andras Hamori, On the Art of Medieval Arabic Literature, New Jersey 1974, 11.

An die Schöpfungserwähnung schließt eine Erinnerung an die Rechtleitung an, die – im Bild des Weges bleibend – gewissermaßen vor einer Weggabelung haltmacht. Es gilt nun, aus dem Erfahrenen eine ethische Konsequenz abzuleiten, nämlich – vor die Alternative zwischen zwei moralisch verschiedenen Zielen gestellt – den Selbstlosigkeit erfordernden „Steilweg", 'aqaba, zu beschreiten. Diese Metapher bleibt zunächst enigmatisch, bis sie nach einer eingeschobenen Spannungs-steigernden Lehrfrage entschlüsselt wird. Die Auflösung des 'aqaba-Rätsels übersetzt den – durch die beiden Schwurseriensymbole: Mekka als uralter Ort der Theophanie und damit göttlicher Hinwendung und „Entstehung des Menschen aus dem Zeugungsakt als grundlegende Stiftung sozialen Lebens", evozierten – Gedanken des einzulösenden Pfandes der göttlicher Hinwendung nun ins Individuell-Verbindliche: Der steile Weg ist nichts anderes als die Erbringung von Entbehrung-fordernden sozialen Leistungen wie Freikauf eines Sklaven und Versorgung unbemittelter Verwandter und desolater Armer (Verse 11–16). Mit deren Nennung springt die Bildlichkeit wieder ins Physiologische um: raqaba bezeichnet wörtlich den Nacken, um den der Sklavenstrick gelegt ist, den es – metaphorisch – zu lösen gilt. Die hier angesprochene Sklavenbefreiung verbindet sich nicht mit einem sozial-revolutionären Programm, sondern wird als gottgefällige Leistung empfohlen[47]. Der Gedanke, zusammen mit dem folgenden der Speisung von Armen in einer Hungersnot reflektiert deutlich Jes 58,6 f.:

> Das aber ist ein Fasten, an dem ich Gefallen habe: Lass los, die du mit Unrecht gebunden hast, lass ledig, auf die du das Joch gelegt hast! Gib frei, die du bedrückst, reiß jedes Joch weg. Brich dem Hungrigen dein Brot, und die im Elend ohne Obdach sind, führe ins Haus! Wenn du einen nackt siehst, so kleide ihn, und entzieh dich nicht deinem Fleisch und Blut!

Die drei Akte der Befreiung, der Speisung und der Ausstattung des Armen werden in Mt 25,34–40 von neuem abgerufen, wo Christus zu denen zu seiner Rechten spricht und sie dafür lobt, dass sie die drei Wohltaten an ihm vollbracht haben. Dagegen lässt er diejenigen zu

---

47 Vgl. dazu Toshihiko Izutsu, Ethico-Religious Concepts in the Qur'ān, Montreal 1966, 147–150.

seiner Linken, die diese Akte verweigert haben, ins Feuer werfen (Mt 25,41–46):

> Dann wird der König denen sagen, die zu seiner Rechten stehen: ‚Kommt her! Mein Vater im Himmel segne euch! Hier ist euer Königreich [...]. Ich war hungrig, und ihr habt mir zu essen gegeben [...], ich war fremd, und ihr habt mich bei euch aufgenommen, ich war nackt, und ihr habt mir Kleidung gegeben, ich war krank, und ihr habt mich besucht, ich war gefangen, und ihr seid zu mir gekommen.'

Nun haben die Jesaia-Verse bei Matthäus aber zusätzlich auch eine christologische Pointe erhalten. Denn auf die Frage der Gerechten, wann sie denn diese Wohltaten an Christus getan hätten, wird ihnen gesagt: „Wann immer ihr dies an einem der geringsten dieser Brüder getan habt, habt ihr es an mir getan."

Obwohl der Text auch ohne die außerkoranischen Traditionen verständlich und sinnvoll ist, bleibt bei einer solchen Lektüre die diskursive Dimension ausgeklammert: die Ersetzung der christologischen Umdeutung des Jesaia-Textes, die Wohltätigkeit an Armen als Wohltätigkeit an Christus selbst erklärt, durch eine wiederum neue Begründung der Wohltätigkeit. Diese ist in der Sure nicht um Christi willen verdienstvoll, sondern deswegen, weil sie ein der Schöpfung inhärentes Ideal verwirklicht, nämlich Ausgewogenheit, Harmonie herstellt. Diese Deutung wird nicht mit einer religiösen Autorität, nicht mit theologischen Argumenten, sondern durch das Modell der Sprache selbst begründet. Die sprachliche Dualform, 'aynayn (Vers 8), *shafatayn* (Vers 9) – Ausdruck der Ausgewogenheit – entspricht der symmetrischen Struktur der Schöpfung, wie sie sich insbesondere in der Struktur des menschlichen Körpers manifestiert, die das Modell sein sollte für die Gestaltung des politischen Körpers durch den Menschen. Die Stadt sollte, wie ihr dual geprägtes Wegesystem (Vers 10) ankündigt, ebenfalls harmonisch geordnet werden: durch Akte der Wohltätigkeit. In der Sure ist es nicht die Autorität Christi, sondern die Evidenz der Sprache, die den Menschen auf seine Verpflichtung zur Wohltätigkeit verweist: Die wiederholten Dualformen, die zunächst auf den Körper zielen, dann auf die moralischen Optionen, verbinden, ja verschmelzen die durch die Schöpfung ins Leben gerufene physiologische Wirklichkeit mit dem sozialen, und daher auch moralischen Diskurs. Es scheint, dass diese besondere theologische Innovation des Koran erst dann klar erkennbar wird, wenn die Sure mit der christlichen Lektüre des Jesaia-Textes als ihrer Kontrastfolie verbunden wird.

Ein biblischer Wertekanon, im Evangelium bereits eschatologisch gedeutet, hat damit den Platz des paganen arabischen Verhaltenskanons übernommen. Die Autorität der Schrifttradition hat die paganen in der Vätertradition überlieferten Ideale entmachtet, nicht ohne dabei selbst eine Supersession zu erfahren. In nicht mehr als 20 kurzen Versen, *āyāt*, hat der koranische Text einen epistemischen Durchbruch innerhalb seines Milieus erreicht: die Ersetzung von *ḥasab*, von sozialem Prestige, manifest in Verschwendung, durch Wohltätigkeit, und gleichzeitig die Ersetzung von Christologie, der Verpflichtung, Christus zu dienen als treibender Kraft hinter den menschlichen Handlungen, durch die Norm der Harmonie, die in der Sprache präfiguriert und in der Schöpfung umgesetzt ist.

2.3 Eschatologische Glossierung der Bildersprache von Psalmen und Evangelien

Betrachtet man die frühen Suren nicht als theologische Aussagen, sondern formal als literarische Zeugnisse ihrer Zeit, so zeigen sie Strukturen, die zunächst an religiöse Dichtung erinnern. Sie enthalten Meditationen und Selbstreflexionen, die, wenn sie nicht in die Du-Form der Eingebung gekleidet wären, innere Monologe eines exemplarischen Frommen sein könnten. In vielen Fällen lässt sich daher kein sicheres Urteil über ihren primären Bezug auf die Wirklichkeit, d. h. eine psychische Situation des Verkünders, oder ihre Textreferenzialität fällen. Auf festem Boden stehen wir da, wo Suren ihre eigene Rezeption durch Hörer reflektieren. Frühmekkanische Suren gehen – bereits mit Sure 96 – über in polyphone Texte, in denen sowohl gleichgesinnte Hörer als auch Gegner des Verkünders zum Sprechen kommen. Hörer-Reminiszenzen, die zu konkret sind, als dass sie ihrerseits textreferenziell, als biblische Topoi, verstanden werden könnten, kommen als Abbildungen des historischen Verkündigungsszenarios in Betracht.

Insgesamt sind aber die koranischen Psalmreferenzen so zahlreich[48], dass an einer anfänglichen formalen Prägung des Koran durch die Psalmen kein Zweifel bestehen kann. Bekanntlich sind die Psalmen

---

48 Erstmals nachgewiesen in Heinrich Speyer, Die biblischen Erzählungen im Qoran, Gräfenhainichen 1931 (Nachdruck Hildesheim 1988), 447–449.

– anders als für den Koran vorauszusetzen – Ausdruck der Lebensform einer ländlichen Gesellschaft. Es wäre ohne die Psalmen schwer zu erklären, dass sich Bilder aus dem Landbau (z. B. der fruchttragende Baum als Bild des Gerechten) bzw. aus dem vegetativen Zyklus (das sprießende, dann aber welkende Gras als Bild der Vergänglichkeit des Menschen), wie sie im Psalter vorherrschen, auch im Koran wiederfinden. Segnungen der Natur erscheinen dort aber – etwas anders als in den Psalmen – als Herausforderungen an menschliche Dankbarkeit. Auch Gedankenfiguren wie die aus erfahrener Wohltat abzuleitende Verpflichtung zur Verlautbarung des Gotteslobs, die nur vermeintliche Macht des Menschen, sein Tun vor dem göttlichen Einblick zu verbergen, die fortwährende göttliche Prüfung des Menschen, aber auch seine Wegweisung, sind für beide Textcorpora charakteristisch. In beiden ist viel von nächtlichem Wachen und Beten, von standhaftem Festhalten an der persönlich erkannten Wahrheit göttlicher Macht gegenüber einer Überzahl von Leugnern/Lügnern die Rede. Die Ambivalenz des Menschen, seine Anfälligkeit für Hybris und Selbstbetrug[49] sind den Sprechern beider Textcorpora bewusst. Vor allem aber sind sich der Psalmist und der Verkünder des Koran in ihrer Ergriffenheit von der Nähe ihres persönlichen Gottes, seines auf sie gerichteten Antlitzes, verwandt.

Es sind die Psalmen, und zwar in ihrer „*live* Aufführung", zu denen ein im Koran selbst geschildertes Szenario den Erhalt der Offenbarung in Verbindung stellt. Eine der im Koran seltenen Beschreibungen der Korangenese schildert den Erhalt des Gotteswortes ganz undramatisch, nämlich als Frucht der Askese, des nächtlichen Rezitierens, bei dem neue Texte aus bereits in Gebrauch befindlichen gleichsam herauswachsen. Textempfang ist in diesem Zusammenhang offenbar Ergebnis der vom Verkünder in seinen Vigilien mit großer Konzentration abgehaltenen Rezitationen, so heißt es in Q 73, „Der Eingehüllte", Verse 1–9:

1 Du Eingehüllter,
2 steh des Nachts, den größten Teil,
3 die Hälfte, oder zieh davon etwas ab,
4 oder füge etwas hinzu und trag die Lesung vor in deutlichem Vortrag.

---

49 Vgl. dazu für den Koran Kenneth Cragg, The Event of the Qur'ān. Islam in its Scripture, London 1971, 95–109.

5 Wir werden dir gewichtige Rede aufgeben.
6 Der Anfang der Nacht begünstigt die Einprägung und die Klarheit der Rede.
7 Du hast am Tage langwierige Tätigkeit.
8 So gedenke des Namens deines Herrn und gib dich ihm ganz hin!
9 Er ist der Herr des Sonnenaufgangs und Niedergangs.
Kein Gott außer ihm! Nimm ihn zum Sachwalter![50]

Wenn hier auch von einer göttlichen Intervention die Rede ist – Gott selbst gibt dem Verkünder Anweisungen für die richtige Disposition zum Erhalt der Botschaften und „gibt ihm gewichtige Rede auf" – so entstehen diesem Szenario zufolge die neuen Texte doch nicht zuletzt durch menschliche Anstrengung, nämlich aus der Vigilien-Rezitation von schon bekannten Texten. Diese Vigilien dürften in psalmistisch geprägten liturgischen Gesängen bestanden haben, wie sie die ältesten Suren darboten. Der Text selbst reflektiert diese Herkunft: Vers 2, *qumi l-laila*, „steh des Nachts", erinnert an „Um Mitternacht stehe ich auf, dich zu preisen." (Ps 119,62); Vers 8, *wa-dhkur isma rabbika*, „gedenke des Namens deines Herrn", an „Preiset den Namen des Herrn!" (Ps 113,1) und Vers 9, *rabbu l-mashriqi wa-l-maghribi*, „Herr des Sonnenaufgangs und des Niedergangs", an „vom Aufgang bis Niedergang der Sonne" (Ps 50,1).

Der frühe Koran ist auf weite Strecken Ausdruck der spätantiken Psalmenfrömmigkeit, die wir nur eben – da es keine nachweisbaren arabischen Psalmübersetzungen vor dem 9. Jahrhundert gibt[51] – in arabischer Sprache zum ersten Mal im Koran vorfinden. Der Koran ist anfangs noch wenig an einer Selbstdefinition interessiert, selbst das Wort *qur'ān* meint zu Anfang eher den Prozess der Rezitation als den Text selbst. Erst mit dem Wachsen der Gemeinde und der Notwendigkeit der Selbstbehauptung gegenüber Gegnern wächst die Dringlichkeit der Selbstautorisierung, die, wie nicht anders zu erwarten, zum einen durch Selbstabgrenzung gegen die altarabischen Vorgänger, insbesondere die Dichter[52], und zum anderen gegen die voraus-

---

50 Zur Beziehung zwischen Textgenese und Kultentwicklung siehe Neuwirth, Der Koran als Text der Spätantike (wie Anm. 2), 332–393.
51 Vgl. zur arabischen Überlieferung der Psalmen Arie Schippers, Art. Psalms, in: Encyclopaedia of the Qur'ān (wie Anm. 7), Bd. 4, 314–318.
52 Thomas Bauer, The Relevance of Arabic Poetry for Qur'anic Studies Including Observations on Kull and on Q 22:27, 26:225, and 52:31, in: The Qur'ān in

gehenden, in Schriftrollen- oder Kodexgestalt vorliegenden heiligen Schriften der beiden älteren Religionen[53] erfolgen muss.

Mehr noch als ihre konkrete Textform sind die Psalmen im Koran jedoch als liturgischer Typus präsent, so dass man für weite Teile des Korantextes von einem Psalmen-Intertext sprechen kann. Das ist unschwer zu erklären: Psalmengeprägte liturgische Frömmigkeit ist für die – in die Region der arabischen Halbinsel hineinreichende[54] – syrische Kirche und insbesondere für monastische Kreise vorauszusetzen, sie könnte auch prägend auf Mitglieder der koranischen Gemeinde gewirkt haben[55]. Da arabische Psalmenübersetzungen für die vorislamische Zeit nicht nachweisbar sind, hat man für die Vermittlung der Psalmen an arabisch-sprachige Rezipienten von mündlicher, eventuell auch nichtarabischer Tradition auszugehen. Eine in der jüngeren Forschung vorgetragene Verbindung der bisher unbefriedigend erklärten Bezeichnung „Sure" mit „Psalmrezitation" würde gut zu dieser intertextuellen Präsenz der Psalmen im frühen Koran passen: *sūra* wäre dieser Hypothese zufolge mit dem syrischen Wort *shūrāyā*, „Anfang", im liturgischen Kontext: „zur Einleitung einer Lesung vorgetragene Psalmrezitation"[56], zu verbinden. Einzelne Psalmversgruppen, die in christlichen Gottesdiensten als liturgische „Zwischentexte", in Gebrauch waren, mögen unter dieser auf ihre gottesdienstliche Funktion zielenden Bezeichnung bekannt gewesen sein, so dass die psalmähnlichen frühen Suren als arabische Entsprechungen zu dieser Textsorte

---

Context. Historical and Literary Investigations into the Qur'ānic Milieu, hg. v. Angelika Neuwirth/Nicolai Sinai/Michael Marx, Leiden 2010, 699–732.

53 Dazu liegen nur wenige systematische Studien vor, vor allem Speyer, Die biblischen Erzählungen im Qoran (wie Anm. 48); Heribert Busse, Die theologischen Beziehungen des Islams zu Judentum und Christentum. Grundlagen des Dialogs im Koran und die gegenwärtige Situation, Darmstadt 1988 (Nachdruck 1991); zu der koranischen Auseinandersetzung mit den Psalmen Neuwirth, Qur'ānic Readings of the Psalms, in: The Qur'ān in Context (wie Anm. 52), 733–778.

54 Isabel Toral-Niehoff, The 'Ibād of al-Ḥīra. An Arab Christian Community in Late Antiquity Iraq, in: The Qur'ān in Context (wie Anm. 52), 323–348.

55 Sidney H. Griffith, Art. Christians and Christianity, in: Encyclopaedia of the Qur'ān (wie Anm. 7), Bd. 1, 307–316 und ders., Christian Lore and the Arabic Qur'ān. The „Companions of the Cave" in *Sūrat al-Kahf* and in Syriac Christian Tradition, in: The Qur'ān in its Historical Context, hg. v. Gabriel S. Reynolds, New York 2008, 109–137.

56 Carl Brockelmann, Lexicon Syriacum, Berlin 1901, 488.

erscheinen konnten. Ein bereits etablierter syrischer liturgischer Begriff hätte dann die Prägung eines neuartigen koranischen Begriffs angestoßen.

Es würde allerdings zu kurz greifen, wollte man im frühen Koran exklusiv eine Replik der Psalmen erblicken. Zwar sind die frühesten, noch einem persönlichen Gott-menschlichen Zwiegespräch entsprechenden Suren oft psalmähnliche Preisungen oder Klagen, doch verleiht die eschatologische Erwartung der Rede eine entscheidend neue Stoßrichtung, so dass auch Psalm-Referenzen aus ihrem hymnischen Kontext gelöst in Argumentationen integriert werden können. Auch spielt die eigene Heiligtumstradition, die Bedeutung Mekkas und der mit Mekka verbundenen Geschichtserinnerungen, wie auch die Relevanz ritueller Zeiten, eine bedeutende Rolle für die frühe Verkündigung. Wenn diese Ideen auch in der späteren mekkanischen Zeit temporär in den Hintergrund treten, so bleiben sie doch in zahlreichen Referenzen präsent und werden am Ende der Entwicklung, in Medina, sogar zur Grundschicht einer komplex gewordenen Wahrnehmung des Heiligen.

„Antike" Sprache und „spätantikes" Geschichtsbild
Es gibt vor allem eine gravierende Divergenz zwischen den frühen Suren und den für die liturgische Sprache prägenden Psalmen: das deutlich verschiedene Geschichtsbild. Zwar sind historische Rückblicke im Koran durchaus häufig, doch ist der Blick auf diese Geschichte, soweit sie sich nicht wie in den Suren 105 und 106 in Mekka selbst abspielt, deutlich pessimistisch. Eine Reihe von älteren Völkerschaften der Halbinsel, deren inzwischen in Ruinen liegende Siedlungen noch ihre frühere Größe bezeugen, sind kollektiven Vernichtungen anheimgefallen – eine göttliche Strafe für ihre Unbotmäßigkeit gegenüber den zu ihnen entsandten Mahnpredigern der Einheit Gottes – eine Strafe, die sie selbst auf sich gezogen haben. So sehr diese Erzählungen in ihrem stereotypen Charakter aber auch an psalmistische Geschichtskataloge erinnern mögen, in denen Gottes Vergeltungsakte an verschiedenen Feinden des erwählten Volkes aufgelistet werden, so sehr lassen sie doch die für die Psalmen zentrale Rettungsdimension vermissen. Zwar kommt der Warner stets mit dem Leben davon, doch bleibt die göttliche Heimsuchung der alten Völker – anders als bei den Feinden Israels – ohne heilsgeschichtliche Auswir-

kung auf ein besonders privilegiertes Volk; die Hörer der Verkündigung sind nicht „Erben" der in der Geschichte Geretteten. Die Stoßrichtung der „Straflegenden" ist also verschieden von derjenigen der Geschichtspsalmen. Während die biblischen Geschichtsreferate in den göttlichen Interventionen Heilstaten Gottes herausstellen wollen, die in sich beweiskräftig sind für seine zeitlose Treue, also Zuversicht in eine unter dem Gottesbund heilbringende Zukunft wecken, bleiben die koranischen Berichte ohne solche Verheißung. Gewiss, sie demonstrieren die göttliche Gerechtigkeit, die den Frevel der Verwerfung des Einheitsglaubens mit Vernichtung ahndet. Insofern sie außerdem das Überleben der Gottesdiener betonen, mögen sie auch implizit ein Treueversprechen Gottes enthalten, doch stehen sie primär im Dienst der Demonstration göttlicher Macht, denn die diesseitige Strafe ist vor allem eine Vorwegnahme der alle Frevler erwartenden Strafe nach dem Jüngsten Gericht.

Eine weitere Einbettung der Geschichtsreferenzen darf nicht unberücksichtigt bleiben: die in die altarabische Dichtung. Geschichte ist hier präsent in Gestalt von Ruinen; altarabische Gedichte beginnen stereotyp mit einer „Klage an den zerfallenen Lagerstätten", den Überresten einstigen sozialen Lebens inmitten von Freunden und Verwandten – wahrscheinlich eine Projektion historischer Ruinen in die individuelle Lebensgeschichte der Persona des Dichters. Es sind diese Ruinen, die Aporie auslösen, indem sie vor der Frage des Dichters nach dem *ubi sunt qui ante nos in mundo fuere* stumm bleiben. Die koranischen Geschichtslegenden liefern die gesuchte Erklärung nach: sie verwandeln die Spuren einer ausgelöschten Vergangenheit in „Erinnerungsorte".

Apokalyptik der Evangelien und koranische Eschatologie
Wie sich in den koranischen Geschichtslegenden bereits andeutet, haben die frühen Suren neben ihrem hervorstechenden Tenor des Dankes, neben ihrem wiederkehrenden Gotteslob, das sich in Hymnen und Anweisungen zum Lob ausdrückt, noch eine andere Seite, die Drohung mit einer innerweltlichen Katastrophe, vor allem aber mit dem Jüngsten Gericht. Man könnte von der doppelten Manifestation göttlichen Wirkens, in rabbinischer Sprache: seiner *middat ha-rahamim*, seiner Milde, und *middat ha-dīn*, seiner strafenden Gerechtigkeit, sprechen. Die sich angesichts des im frühen Mekka etwa gleichen Anteils an

hymnisch und an eschatologisch gefüllten Suren stellende Frage, was denn zuerst gewesen sei, Dank oder die Furcht vor dem Jüngsten Tag[57], kann nicht schlüssig beantwortet werden. Mit Tor Andrae[58] kann man die beiden kontrastiven surenprägenden Grundhaltungen gleichermaßen aus der monastischen Frömmigkeit der Zeit erklären, wo beide, Furcht vor dem Gericht und Gotteslob, zentrale liturgische Themen sind. Auffallend ist, dass die beiden Surentypen formal klar differenziert werden, insofern die positiven Lobsuren weitgehend mit sprachlichen Mitteln der bereits lange eingeführten monotheistischen Liturgie-Sprache arbeiten, dabei auch eine Reihe von – offenbar im Arabischen längst geläufigen – syrischen Lehnwörtern aufweisen, während die Ausmalungen der kosmischen Katastrophe nicht nur lexikalisch, sondern vor allem stilistisch und strukturell auf altarabische Muster der paganen Seher und Wahrsager zurückgreifen. Etwas anders verteilen sich die Prägungen bei den ebenfalls bereits aus der monastischen Frömmigkeit bekannten – Paradies- und Höllenausmalungen. Hier reflektieren sich im Paradies neben beherrschenden altarabischen Zügen auch syrisch-christliche Vorstellungen, während für die Hölle fast ausschließlich auf altarabische Bilder zurückgegriffen wird[59].

Gerade im Zusammenhang mit den Gerichtsankündigungen haben sich die rhythmisch bewegtesten und lautlich profiliertesten Suren herausgebildet – ein formaler Aufwand, der ein Licht auf die hohe Bedeutung dieses Themas wirft. Hier wie nirgends sonst werden Serien von parallelen Konditionalsätzen (Protasis), eingeleitet mit *idhā/yauma*, „wenn dereinst"/„am Tage da", aneinandergereiht, um massiv Spannung aufzubauen, die erst von dem die Serie beschließenden Hauptsatz, der Apodosis, gelöst wird. Der syntaktischen Spannung entspricht die semantische: Erst nachdem die Protasis die – zumeist in einer Bewegung von oben nach unten erfolgende – Auflösung des Kosmos dargestellt hat, kann die Apodosis die für den Menschen schicksalhafte – tröstende oder vollends vernichtende – Wendung ins Bild bringen. Als Beispiel sei der eschatologische Einleitungsteil von Sure 81, „Die Umhüllung", Verse 1–14, vorgestellt[60]:

---

57 Harris Birkeland, The Lord Guideth. Studies on Primitive Islam, Oslo 1956.
58 Tor Andrae, Mohammed. Sein Leben und sein Glaube, Göttingen 1932, 43–76.
59 Vgl. dazu Neuwirth, Der Koran als Text der Spätantike (wie Anm. 2), 672–722.
60 Vgl. dazu Angelika Neuwirth, Studien zur Komposition der mekkanischen Suren, Berlin 1981, 221.

1 Wenn sich die Sonne mit Finsternis umhüllt,
2 und die Sterne glanzlos werden,
3 wenn die Berge in Bewegung geraten,
4 wenn die trächtigen Kamele sich selbst überlassen werden,
5 und die wilden Tiere zusammengeschart werden,
6 wenn die Meere überquellen,
7 wenn die Seelen gepaart werden,
8 wenn die Verscharrte gefragt wird,
9 welcher Schuld wegen sie getötet wurde,
10 wenn die Schriftrollen ausgebreitet werden,
11 und der Himmel aufgehoben wird,
12 wenn die Hölle herangebracht wird,
13 und der Garten nahegebracht wird,
14 weiß eine Seele, was sie vollbracht hat.

Die zweiteilige Sure, die zu genau gleichen Teilen von Eschatologie und Polemik gefüllt ist, weist in ihrem ersten Teil (Verse 1–14) eine einzige *idhā* (wenn-Satz)-Serie mit folgender Aussage auf. Die Serie, bestehend aus zwölf Momentaufnahmen, wird in Paaren entfaltet: Das erste Paar thematisiert katastrophale kosmische Veränderungen von Sonne und Sternen (Vers 1 f.). Es folgt eine Aussage über die Erde, auf der die Berge in Bewegung geraten. Deren Korrelat, das überschäumende Meer, folgt aber wegen Versversetzung erst später (Verse 3 und 6). Ein weiteres Paar (Vers 4 f.) fokussiert Szenen der beduinischen Lebenswelt, die nun – am letzten Tag – als „verkehrte Welt" dargestellt sind: Während die als Nutztiere besonders wertvollen trächtigen Kamelstuten sich selbst überlassen sind und damit in Gefahr geraten, aus ihrer Herde auszubrechen, werden wilde Tiere, die sonst allein auftreten, zu Herden zusammengetrieben. Es folgt eine Einblendung der Menschen (Verse 7–9), deren Seelen nun mit ihren Körpern wieder vereint werden; bei dieser Wiederherstellung der Menschen treten auch sorgsam gehütete Geheimnisse ans Licht: so der Fall des schuldlos getöteten und verscharrten neugeborenen Mädchens, das wie eine Anklägerin eingeführt wird (Vers 8 f.)[61] – auch dies gewiss eine Beduinen-Referenz. Erst dann beginnt die Vorbereitung auf das Gericht, das Aufrollen der Tatenregister (Vers 10), das Heben des Vorhangs: Der

---

61 *Waʾd*, „verscharren" wurde in von Armut betroffenen beduinischen Gesellschaften praktiziert, um sich unerwünschten weiblichen Nachwuchses zu entledigen.

Himmel wird „weggezogen", um die Bühne für das Gericht freizumachen (Vers 11). Schließlich werden die beiden Räume, in denen die Seligen und die Verdammten Aufenthalt nehmen sollen, vorbereitet bzw. „nahegebracht" (Vers 12 f.).

Nach dieser streng parallel gebauten und sich in ihrer Dramatik steigernden wenn-Serie mit den überraschenden Einblendungen von sonst in eschatologischen Szenerien nicht erwähnten Tieren wird die auf einen einzigen Vers begrenzte Aussage vorgetragen, die durch den langen Vorlauf erhebliches Pathos akkumuliert hat. Sie ist auch insofern hervorgehoben, als sich ihre Wortstellung chiastisch zu derjenigen der vorausgehenden Verse verhält. Nachdem in der Wenn-Serie das Verb am Schluss stand und den Reim ausmachte, steht es nun am Anfang und trägt damit den Akzent des Verses: der Gedanke des Wissens, der Einsicht, ʿalimat nafsun mā aḥḍarat, „weiß eine Seele, was sie vollbracht hat" (Vers 14), erhält so besondere Betonung. Die Serie bietet einen eindrucksvollen rhythmischen Anlauf für das mit der Schwuraussage gesetzte Ziel: die Offenlegung des Wissens des Menschen über seine irdische Bewährung. Der rhetorische Aufwand, mit dem diese als solche ja theologisch schlichte Aussage vorbereitet wird, wäre unnachvollziehbar, stände hier nicht ein semantisch sehr viel prätentiöserer Text im Hintergrund, der offenbar ersetzt werden soll: Die hier – und in Q 82:1-4 und 84:1-5 – entfaltete Szenerie erinnert an die in den drei synoptischen Evangelien überlieferte eschatologische Rede Jesu, in der er die Zerstörung des Tempels und die damit eingeleitete Endzeit voraussagt. Auf dem Höhepunkt des kosmischen Zerfalls, wenn Sonne und Mond sich verdunkeln und die Sterne vom Himmel herabfallen, erscheint der Menschensohn auf den Wolken des Himmels (Mk 13,24–26):

> Aber in jenen Tagen, nach jener Drangsal, wird sich die Sonne verfinstern, der Mond wird seinen Schein nicht mehr geben, und die Sterne werden vom Himmel fallen, und die Kräfte des Himmels werden erschüttert werden. Und dann wird man den Menschensohn in den Wolken des Himmels kommen sehen.

Im Koran bereitet der Zerfall nicht eine Erlöserscheinung vor, sondern resultiert ganz nüchtern in der Erkenntnis des Menschen über seine im Licht der Eschatologie offenkundig gewordene Tatenbilanz, ohne dass eine konkrete Zukunft angedeutet würde. Die Eröffnung dieses Wissens als eigentliches Ziel der mit dem jüngsten Tag erfolgenden Auflösung des Kosmos ist bereits Gegenstand frühester Suren (Q 104:3–8, 99:7 f.). Hier ist ein Erkenntnisversprechen an die Stelle der Erlösungsverheißung getreten – Christologie ist durch eine epistemische Verheißung ersetzt worden.

3. Die neue Autorität der Schrift

3.1 Schrift im paganen/synkretistischen Umfeld des Koran

Es ist bemerkenswert, dass sich also bereits die entstehende arabische Verkündigung in ein Analogieverhältnis zum inkarnierten Wort Gottes stellt – noch bevor ein Verhältnis zu den biblischen Schriften der Nachbartraditionen angesprochen wurde. Offenbar ist die Schrift als solche noch nicht Autorität, wichtiger ist noch der Prozess des Wort-Empfangs. Die Verkündigung ersetzt außerdem ohne jeden expliziten Schriftbezug, allein durch das Anklingenlassen bestimmter Wendungen und Motive, apokalyptische Verheißungen durch neue, ganz unmythische Bilder – eine theologische Weichenstellung, die noch ohne direkte Schriftreferenz auskommt. Die später so selbstverständlich erscheinende Nähe zur Schrift charakterisiert den Koran keineswegs von Anfang an. Die Entdeckung der Schrift, sowohl des geschriebenen Gotteswortes als auch des Mediums göttlichen und menschlichen Schreibens, als Garant von Autorität, markiert vielmehr einen Wendepunkt in der koranischen Entwicklung.

Dieser Durchbruch wurde erreicht nicht nur in Auseinandersetzung mit biblischen Traditionen, sondern auch in Neubesinnung auf das altarabisch-poetische Begriffslexikon, eine Beobachtung, der wir im Folgenden nachgehen wollen, bevor wir uns den verschiedenen Schriftrezeptionen im Koran zuwenden können. Betrachten wir dabei zunächst die wichtigsten überlieferten Zeugnisse für die Kulturpraxis des Schreibens, die im paganen Milieu des Koran eine erstaunlich geringe Wertschätzung genoss. Vor diesem schrift-abgewandten Hintergrund kann sich die Entdeckung der biblischen Manifestationen von Schrift im Koran nur als triumphal abzeichnen. Schrift als ein Autorität transportierendes Medium tritt in transzendenter Verbrämung in den Denkraum der arabisch-sprachigen Zeitgenossen des Propheten ein. Die durch die koranische Verkündigung entstehende neue Vertrautheit mit Schrift ermöglicht schließlich eine kritische Auseinandersetzung

Abb. 8
Bifolium eines Hijazi-Kodex (1./7. Jahrhundert)
Doha (Qatar), Museum of Islamic Art, Ms. 67.2007

mit der paganen ablehnenden Wahrnehmung, die zu einer neuen, für den arabischen Koran charakteristischen Offenbarungsvorstellung führt.

Die Produktion und folgende Kodifikation des umfangreichen und höchst raffinierten Korantexts lässt sich – ohne viel Übertreibung – als eine epistemische Revolution bezeichnen, die innerhalb kürzester Zeit zur Entstehung einer neuen arabischen Schreiberkultur führte. Damit soll nicht die Herausbildung einer neuen arabischen Schrift angesprochen sein, obwohl die Entwicklung des sog. Hijazi-Duktus (Abb. 8), der sich unerwartet und vielleicht erstmals in massenhafter Erscheinung in den ältesten Korankodizes findet, eine Innovation darstellt, der noch nachgegangen werden muss. Ähnliches gilt für den wenig später zu repräsentativen Zwecken gebrauchten Kufi-Duktus (Abb. 9). Es geht jedoch um mehr: Mit dem Koran – so die These – durchlief die arabischsprachige Gesellschaft einen substanziellen Wandel, den man in den Kategorien von Jan Assmann[62] als den Übergang der arabischsprachigen Gesellschaft von „ritueller Kohärenz" zu „textueller Kohärenz" begreifen könnte. Dieser einschneidende Wandel der arabisch-

---

62 Assmann, Das kulturelle Gedächtnis (wie Anm. 34), 87–104.

sprachigen Gesellschaft verdankt sich, wie wir sehen werden, noch vielfachen weiteren Herausforderungen, die sich der koranischen Gemeinde im Denkraum Spätantike stellten.

Arabische Spätantike: eine Kultur ohne Schriftlichkeit?
Was bedeutet „Spätantike" bezogen auf den Koran? Wir sind gewohnt, den Koran der Epoche des Islam zuzuordnen, er gilt als der islamische Text schlechthin, obwohl dies historisch den Sachverhalt nicht beschreibt: Denn der Islam entsteht erst durch den Koran, der selbst noch ein Gespräch mit spätantiken theologischen Traditionen reflektiert. Versteht man Spätantike nicht exklusiv als eine durch politische Ereignisse definierte Epoche, sondern vor allem als einen „Denkraum", in dem verschiedene „antike" Traditionen einer neuen Lektüre unterzogen werden, so ist der Koran ein für die Spätantike besonders charakteristisches Phänomen: ein Text, der mehrere „Antiken", die biblische, die pagan-arabische, gelegentlich sogar die hellenistische, einer neuen Interpretation unterwirft. Angesichts der deutlichen Reflexe vor allem des biblischen und nachbiblischen Erbes im Koran ist es wenig verwunderlich, dass die kritische Forschung zuerst bei der Kontextualisierung des Koran mit jüdischen und christlichen Traditionen ansetz-

Abb. 9
Älteste datierte Wiedergabe des Koran in Kufi-Duktus (dat. 72/691)
Felsendom, Jerusalem

Abb. 10
Nabatäische Felsinschrift

te. Es war Abraham Geigers bahnbrechendes Werk „Was hat Mohammed aus dem Judenthume aufgenommen?"[63], das 1833 den Koran erstmals mit post-biblischen Traditionen verband und ihn so aus dem niederen Status eines lokalen Phänomens, der Predigt eines Propheten aus der abgelegenen Arabischen Halbinsel, in den Rang einer ökumenisch bedeutsamen Stimme, ja eines ernsthaften Mitspielers im Konzert der theologischen Debatten der Spätantike erhob. Heute hat sich diese Sicht nach langwierigen Rückschlägen wieder durchgesetzt, sie ist zugleich dabei, dank der Erweiterung unseres Horizonts in das pagane Arabien hinein weiter ausdifferenziert zu werden.

Denn der Koran kann nicht losgelöst von den Herausforderungen seines paganen Milieus verstanden werden. Er ist weitgehend eine Antwort auf die „säkulare" Weltanschauung seiner paganen Gegner, die sich in der von ihnen selbst beanspruchten Tugend der *muruwwa*, entsprechend etwa „Heldenhaftigkeit, tribaler Stolz", kristallisiert, wie sie uns aus der altarabischen Dichtung geläufig ist. Eine Anzahl von Text-

---

63 Abraham Geiger, Was hat Mohammed aus dem Judenthume aufgenommen?, Berlin 1833.

gattungen geben Ausdruck vom Leben der beduinischen Gesellschaft: die erzählende (zur Wiedergabe heroischer Handlungen), die panegyrische (mit der Funktion, die Tugenden des Stammes zu preisen, *fakhr, madḥ*, oder die Geliebte in hyperbolischer Rede zu beschreiben, *ghazal*) und die beschreibende, *waṣf* (mit der Funktion, das Kamel des Helden oder seine Wüstenreise *raḥīl* ins Bild zu setzen). Auffallend ist das fast gänzliche Fehlen von diskursiver Rede, wenn wir von den wenigen Beispielen von *ḥikma*, d. h. aphoristischen und didaktischen Versen absehen: Es gibt keine theologischen, rechtlichen oder kultischen Debatten in der vor-islamischen Dichtung[64]. Überhaupt lässt sich wenig theoretisches Gedankengut finden – von einer wichtigen Ausnahme abgesehen: Ein ernsthaftes philosophisches Interesse scheint im Anfangsteil, der *qaṣīda*, im sog. *nasīb*, durch. Es ist kein Zufall, dass diese nostalgische Sektion, die die schon erwähnte Klage über die verlassenen Lagerstätten enthält, im Koran in mehr als einer Form reflektiert wird. Ein solcher koranischer Rückbezug auf Dichtung betrifft auch unser gegenwärtiges Thema, den Schriftdiskurs.

Praktiziertes Schreiben
Obwohl die vor-islamische Kultur ihrer Dichtung und anderer mündlicher Gattungen wegen hohe Schätzung genießt, sind aus dieser Zeit kaum schriftliche Zeugnisse in arabischer Sprache überliefert. Trotz der zahllosen durch neuere archäologische Expeditionen zutage geförderten Felsinschriften, die sich über weite Gebiete der arabischen Halbinsel verteilen (Abb. 10) gibt es kein vorkoranisches arabisches Schriftzeugnis, das die Qualifikation „Text" verdiente. Die meisten Felsinschriften, von denen einige wenigstens teilweise in nordarabischer Sprache gehalten sind, benutzen die nabatäische Schrift; bei ihnen handelt es sich um kurze, alltägliche – zumeist privaten Belangen geltende – Nachrichten. Dennoch muss Schreiben den gebildeten arabischen Eliten für alltägliche Zwecke geläufig gewesen sein, Verträge etwa dürften schriftlich fixiert worden sein. In der Tat stand ja auch sogleich eine Version der arabischen Schrift zur Verfügung, als der Koran kodifiziert werden musste. Dennoch ist festzuhalten, dass die Praxis des Schreibens offenbar nicht eingesetzt wurde, um ein Archiv kollek-

---

64 Warum solche Dichtung zur Zeit der Koranentstehung unerwartet auftaucht, verdient noch Klärung.

tiver Erinnerung zu erstellen. Im Gegenteil erscheint Schrift sichtbar vor allem an den Felsen in der nomadischen Landschaft und daher auch reflex wahrgenommen von den Beduinen und ihren literarischen Sprechern, den vor-islamischen Dichtern – als ein ambivalentes, Aporie und sogar Hoffnungslosigkeit evozierendes Phänomen, nicht, wie man erwarten würde, als Verweis auf Wissen und Selbstbestätigung.

Angesichts der Knappheit von arabischen Schriftzeugnissen aus vor-islamischer Zeit tritt der Koran gleichsam aus dem Nichts, aus einem „leeren Hijaz" heraus, und dies sogleich als ein voll entwickelter diskursiver Text, umfangreich und gefüllt mit theologisch und philosophisch relevanten Gedanken. Diese Beobachtung hat die westliche Wissenschaft lange irritiert: Wie kann ein intellektuell anspruchsvoller literarischer Text aus einer so abgelegenen Region wie der arabischen Halbinsel hervorgehen? Das konventionelle Bild des „leeren Hijaz" ist erst in der neueren Forschung durch James Montgomery, Peter Brown, Glen Bowersock, Christian Robin, Garth Fowden, Robert Hoyland, Jan Retsö, Lawrence I. Conrad und andere korrigiert worden, die historisches, epigraphisches und gegenständliches Beweismaterial angeführt haben, das einen bereits lange vor der Koranentstehung im Gange befindlichen Transfer spätantiken Wissens sowohl aus den nördlich als auch den südlich an den Hijaz angrenzenden Regionen klar belegt[65]. Dennoch bleibt das Faktum auffallend, dass der Koran als eine plötzliche Manifestation von bis dahin nicht ausgesprochenen, zumindest nicht bezeugten diskursiven Ideen in den Raum tritt. Seine früh erreichte Form als schriftlicher Text kann weiterhin als Durchbruch, als eine in seinem Milieu beispiellose Errungenschaft gelten.

Das unheimliche Gesicht der Schrift an der Felswand: Die verschlüsselte Botschaft, waḥy
Schrift genoss wenig Ansehen in den Augen jener Nomaden, die wir in der altarabischen Dichtung reflektiert finden. Um deren Stellung aus den Gedichten zu erschließen, können wir bequem auf einen umfangreichen Survey zurückgreifen, den James Montgomery erstellt hat[66]. Er

---

65 S. oben Anm. 10.
66 James Montgomery, The Deserted Encampment in Ancient Arabic Poetry. A Nexus of Topical Comparisons, in: Journal of Semitic Studies 40, 2 (1995), 282–316.

hat ein Corpus von vorislamischen („*jāhilī*") Versen gesammelt, die die Erscheinung der Schrift zum Thema haben, bezeichnet mit verschiedenen Namen wie *khaṭṭ zabūr*, „das Schreiben eines Schriftstücks", *mā khuṭṭa bi-l-qalam*, „das mit der Rohrfeder Geschriebene", *khaṭṭ al-dawāt*, „Schreiben mit Tinte aus einem Tintenfass", *rasm*, „Schriftzug", und anderen. Eine in der Poesie häufige Bezeichnung des Schreibens fällt aus dem Rahmen: *waḥy*. *Waḥy* ist kein technischer Terminus für Schreiben sondern bezeichnet vielmehr eine nicht-verbale Kommunikation durch Zeichen, wie sie zwischen Tieren stattfindet, oder – falls Menschen beteiligt sind – die Kommunikation in einer fremden, unbekannten Sprache. In der vor-islamischen Dichtung dagegen dient *waḥy* – wie erwähnt – zur Bezeichnung einer Schrift, die der Beobachter, d. h. die Persona des Dichters, in einen Felsen eingeritzt vorfindet, die aber auch auf andere Materialien wie Pergament geschrieben sein kann. Es ist eine Schrift, die er nicht entziffern kann, ein Zeichensystem, das für ihn keinen Sinn ergibt. Die Fremdheit dieser unverständlichen Botschaft ist in zahlreichen Versen Thema, etwa demjenigen von Zuhayr, der die verwüstete Lagerstätte seines Stammesverbands, *ṭalal*, die er nach langen Jahren der Abwesenheit wieder besucht, mit einer Schrift vergleicht. Das einstige Lager ist auf seine linearen Spuren, die Schriftzügen ähneln, reduziert[67]:

> Wer bewohnt jetzt noch die Reste – wie eine Schrift (*waḥy*) – deren Wohnstätten ausgelöscht sind – ausgelöscht sind al-Rass, al-Rusays und 'Āqil?

Und nochmals Zuhayr[68]:

> Wem gehören die Wohngebiete, auf die ich zufällig stieß, die aussehen wie Schrift (*waḥy*) auf dem immer-beständigen Fels im Flussbett?

Vergleiche mit Schrift, oft bezeichnet als *waḥy*, finden sich stets in der Eingangssektion der altarabischen *qaṣīda*, im *nasīb*, die im allgemeinen mit dem „*aṭlāl*-Motiv": der Klage des Dichters an den verlassenen Lagerstätten beginnt, wo er früher seine Zeit in Gesellschaft seiner Freunde und mit seiner Geliebten verbrachte. Der nostalgische erste Teil der *qaṣīda* ist einzigartig offen für poetische Selbstreflexion; er lädt ein zum Nachdenken über die Vergänglichkeit emotionaler Erfüllung

---

67 Montgomery, Deserted Encampment (wie Anm. 66), 297.
68 Ebd.

und menschlichen Lebens als solchem. Das *nasīb* bringt – in den Worten von James Montgomery – einen Pessimismus und eine Traurigkeit zum Ausdruck, die eine verhängnisvolle Saat ausstreuen: die Saat des Zweifels an der Tragfähigkeit des beduinischen Ethos, der *muruwwa*.

Welche Funktion hat Schrift, *waḥy*, in diesem Kontext? Suzanne Stetkevych hat in einer Monographie, „The Mute Immortals Speak", versucht, die unverständliche Sprache auf den Felsen zu deuten[69]. „Da die Felsen mit ihrer Inschrift nicht für sich selbst sprechen, dennoch aber Botschaften tragen, die entziffert werden müssen, bleiben die Dichter vor ihnen stehen, um die Felsen und Ruinen zu befragen, durchaus in dem Bewusstsein, dass die ‚stummen Unvergänglichen' nicht sprechen werden." Dennoch – so argumentiert Suzanne Stetkevych – halten sie eine Antwort auf die Aporie des Dichter-Helden, der vor dem Rätsel der „Dauerhaftigkeit der Natur und der Vergänglichkeit von Kultur, und damit der Sterblichkeit des Menschen" steht, bereit[70]. Die Felsinschriften wie auch die übrigen Formen der Schrift, die letztlich unentzifferbar zu sein scheinen, werden evoziert, um den trügerischen Charakter von Kultur zu illustrieren. Ihre Linien und Formen stellen in den Augen des Dichters kein gültiges Zeichensystem, sondern eine leere Bezeichnung dar, die den verwüsteten Zustand der Lagerstätten, die bis auf den Grund abgetragen und auf lineare Spuren ihrer Umrisse reduziert sind, verbildlichen. Schrift – verkörpert in der Vorstellung von *waḥy* in der vor-islamischen Dichtung – spielt in der Dichtung also eine ambivalente Rolle, sie evoziert das Bewusstsein von Aporie und Verlust.

Das pagane Verständnis von *waḥy* ist daher schwer zu vereinen mit dem, was wir gewöhnlich unter *waḥy* verstehen, nämlich die koranische Offenbarung. Wie kommt das umgekehrte Bild von *waḥy* im Koran zustande? Wir wenden uns damit dem Koran selbst zu, um zu verfolgen, wie der Text *waḥy* als eine göttliche Kommunikation entdeckt und dabei das pagan-arabische Bild von Schrift umkehrt.

---

69 Suzanne Stetkevych, The Mute Immortals Speak. Pre-Islamic Poetry and the Poetics of Ritual, Ithaca 2010, 21.
70 Stetkevych, The Mute Immortals Speak (wie Anm. 69), 22.

3.2 Die koranische Entdeckung der göttlichen Schrift als Träger höchster Autorität

Frühe koranische Zeugnisse

Es ist bemerkenswert, dass die Idee der Schrift als eine autoritative Wissensquelle – so geläufig sie auch in den späteren Teilen des Koran sein mag – zu Beginn der Verkündigung keineswegs eine Selbstverständlichkeit war. Diese frühe Periode soll im Mittelpunkt der folgenden Ausführungen stehen. Nicolai Sinai stellt mit Recht fest: „Die diskursive Konstellation von Gott und dem von ihm angesprochenen Gesandten bildet sich zwar bereits in den frühesten Texten heraus, wird aber lange noch nicht voll ausgeschöpft, um die Rezitationen eindeutig als göttliche Offenbarungen zu markieren. Der im Gebrauch des prophetischen ‚Du' verborgene Anspruch auf Offenbarungscharakter brauchte einige Zeit, um in eine konsistente Rhetorik göttlicher Anrede übersetzt zu werden."[71] Erst mit der Verkündigung von herausfordernden neuen Ideen und harschen Zurückweisungen der „Leugner" dieser Ideen wurde es nötig, an den göttlichen Ursprung der Rezitationen zu appellieren, um ihre normative Autorität über die Hörer zu begründen[72]. Ein Überblick über die Erwähnungen von Schrift und Schrift-bezogenen Accessoires in den frühen Suren kann dies illustrieren. In Sure 87 „Der Höchste", Vers 18 f. wird die koranische Verkündigung erstmals – zumindest indirekt – mit der monotheistischen Schrifttradition in Verbindung gebracht, durch einen Verweis auf die „ältesten Schriftrollen", *al-ṣuḥuf al-ūlā*. Die Sure schließt mit den Versen:

> Dies steht in den ältesten Schriftrollen,
> den Schriftrollen Abrahams und Moses.

Die koranische Verkündigung erhebt den Anspruch, substanziell mit früheren – schriftlichen – Botschaften identisch zu sein, die Abraham und Mose mitgeteilt oder an Abraham und Mose überliefert worden sind. Der Schrift-Verweis ist nicht der einzige in der Sure. Der kurze Text spezifiziert erstmals den Akt der Übermittlung der Botschaft als eine ganz besondere *performance*: als den Akt nicht des Rezitierens,

---

71 Nicolai Sinai, Qurʾānic Self-Referentiality as a Strategy of Self-Authorization, in: Self-Referentiality in the Qurʾān (wie Anm. 37), Wiesbaden 2006, 103–134, hier: 109.
72 Vgl. ebd.

d. h. des Auswendig-Vortragens, sondern des Lesens, wie das Wort *qaraʾa*, „lesen" in Q 87:6 eindeutig besagt:

> Wir werden dich lesen lassen, du wirst dabei nichts vergessen.

Was ist die Vorlage für dieses prophetische Lesen? Die Antwort folgt in der unmittelbar folgenden Sure 96, „Das geronnene Blut", die eine nicht-diesseitige Schrift als Vorlage für die Lesung des Propheten einblendet. Die Sure beginnt, Verse 1–5:

> Lies im Namen deines Herrn, der erschuf,
> erschuf den Menschen aus geronnenem Blut.
> Lies, denn dein Herr ist der großmütige,
> der lehrte mit dem Schreibrohr,
> lehrte den Menschen, was er nicht wusste.

Wenn Gott „lehrte mit dem Schreibrohr", *al-qalam*, offenbar verstanden als ein himmlisches Schreibinstrument, darf man daraus schließen, dass die Vorlage für das Lesen des Propheten ein Text sein sollte, den jene himmlischen Schreiber produziert haben, die explizit in den Einleitungsversen der – etwas späteren – Sure 68, „Das Schreibrohr", Vers 1 f. erwähnt werden. Dort heißt es: „Nun. Bei dem Schreibrohr und dem, was sie niederschreiben."[73] Mit anderen Worten: Der Prophet wird angewiesen, seiner Gemeinde aus einer materiell nicht zugänglichen, transzendenten Schrift, erstellt von den himmlischen Schreibern, vorzulesen. Das Szenario erinnert zunächst an die Szene, die in der Prophetenvita über die Berufung des Propheten überliefert wird, bei der ebenfalls der technische Akt des „Ablesens" von einer Vorlage im Vordergrund steht[74]. Während aber der Bericht des Biographen Ibn Hisham eine materielle Lesevorlage, ein Stoffband, auf dem Verse geschrieben sind, einführt, nimmt der Korantext auf eine transzendente Lesevorlage Bezug; er spricht von einem virtuellen Akt des Lesens aus einem erhabenen, himmlischen Text.

Das Behältnis dieser himmlischen Schrift ist die „wohlbewahrte Tafel", *al-lawḥ al-maḥfūẓ*, die in Sure 85, „Die Türme" zum ersten Mal erwähnt wird. Obwohl himmlische Tafeln aus verschiedenen alt-

---

73 Vgl. für einen Kommentar zur gesamten Sure Neuwirth, Der Koran (wie Anm. 33), 566–585.
74 Zu der Prophetenbiographie von Ibn Hišām vgl. The Life of Muhammad. A Translation of Ibn Isḥāq's Sīrat rasūl Allāh, hg. und üs. v. Alfred Guillaume, Lahore 1974, bes. 105 f.

orientalischen Traditionen bekannt sind, hebt sich die spezifische koranische Vorstellung – am engsten verwandt mit derjenigen des Jubiläenbuches, eines jüdischen Pseudepigraphons des 2. vorchristlichen Jahrhunderts, das in der Spätantike auch unter Christen viel rezipiert wurde – als besonders komplex ab. Sie hat nicht nur das himmlische „Buch der göttlichen Entscheide" und das „Zeugnisbuch" bzw. das „Register der menschlichen guten und schlechten Taten"[75], absorbiert, sondern auch das mit Mose verbundene Bild von Tafeln, die von Propheten vermittelte Weisungen an die Menschen enthalten. Es ist himmlischer Archetyp von Offenbarungsschrift. Sure 85 schließt, Vers 21 f.:

> Es ist vielmehr eine ruhmreiche Lesung
> [aus einem Text, verzeichnet] auf einer wohlbewahrten Tafel.

In diesem Kontext begegnet der Name *al-qur'ān*, „die Lesung" zum ersten Mal, er ist inzwischen eindeutig verständlich als „Lesung aus einer himmlischen Vorlage". Der Name wird bald darauf zur Standardbezeichnung des Vortrags.

Der entscheidende Schritt zu einem ganz neuen Status des Vortrags als eine Manifestation des präexistenten Logos wird aber erst mit Sure 55, „Der Barmherzige", Verse 1–4, vollzogen. Dieser – oben bereits vorgestellte – Text spiegelt eine Wahrnehmung der Koran-Kommunikation, die für die gesamte Verkündigung maßgeblich bleibt.

Alle diese Kontextualisierungen wären als solche wenig aussagekräftig, bildeten sie nicht einen Fortschritt in der koranischen Verkündigung ab. Die angeführten Beispiele bezeugen ein zunehmendes Bewusstsein für die theologischen Implikationen des Verhältnisses des Propheten zur Schrift. Schrift wird in den frühen Suren in doppelter Weise manifest: vor allem in Gestalt der erhabenen wohlbewahrten Tafel, in Gestalt der transzendenten Schrift, die nach und nach den Propheten vermittelt wird und die den göttlichen Willen enthält, dem gemäß Menschen ihr Leben führen sollen. Etwas niedriger im Rang sind die „Register der menschlichen Taten", die die Befolgung oder Nichtbefolgung der göttlichen Weisungen festhalten. Sie sind im Koran in Sure 82, „Die Spaltung", Verse 10–12, Sure 81, „Die Umhüllung", Vers 10, Sure 84, „Das Zerbrechen", Verse 7–12, thema-

---

75 Vgl. zu diesen Erscheinungsformen des himmlischen Buches Arthur Jeffery, The Qur'ān as Scripture, New York 1952, 3–17.

tisiert. Die beiden Manifestationen von Schrift zusammen fassen das menschliche Leben in einen festen Rahmen ein. Der Mensch ist gleichsam umschlossen von Schrift. Diese Allpräsenz von Schrift schafft – um wiederum an den Diskurs von Jan Assmann zu erinnern – eine neue soziale Kohärenz, eine „textuelle Kohärenz", die die frühere „rituelle Kohärenz" – gegründet auf Stammessolidarität und pagane kultische Riten – ersetzt.

Propheteninspiration: die entschlüsselte Botschaft (waḥy)
Es ist wenig erstaunlich, das früheste Auftreten von *waḥy* in einem poesie-polemischen Korantext zu finden, der das Ziel verfolgt, jegliche Verwandtschaft zwischen Prophetie und Poesie auszuschließen. *Waḥy* gilt offenbar als Kürzel für eine vom Dichter nicht bewältigte Herausforderung, seine Aporie vis-à-vis der sich allenthalben manifestierenden Vergänglichkeit. Bereits die im Koran ubiquitäre Betonung der Erkenntnismöglichkeit hätte ausgereicht, um die gänzlich andere Ausrichtung der koranischen Rede gegenüber der dichterischen klarzustellen. Dennoch wurde der Prophet, der sich ja auch dichterischer Rede bediente, mehr als einmal in die Nähe von Dichtern gerückt. Dabei ging es um die Autorität seiner Wissensquelle. Ihm wurde unterstellt, von denselben niederen Geisterwesen inspiriert zu sein, die auch von den Dichtern „Besitz ergriffen", die die Dichter „besessen", *maǧnūn*, erscheinen ließen. Der Prophet wird bezichtigt, wie die Dichter zu sein: fehlgeleitet und willkürlich unautorisiert zu sprechen. In einer der letzten frühmekkanischen Suren, Sure 53, „Der Stern", Verse 1–5[76], wird eine solche Unterstellung zurückgewiesen und dabei eine höhere Wissensquelle beansprucht:

> Beim Stern, wenn er fällt,
> Euer Landsmann geht nicht irre, noch ist er verführt,
> noch spricht er aus Willkür.
> Es ist nur eine [rätselhafte] Eingebung, die ihm eingegeben wird (*waḥyun yūḥā*),
> die ihn gelehrt hat einer von großer Macht.

Man übersieht leicht das Wortspiel in diesen Versen. Die übliche Übersetzung „Es ist nichts anderes als eine Inspiration, die ihm eingegeben

---

76 Vgl. für einen Kommentar zur Sure Neuwirth, Der Koran (wie Anm. 33), Bd. 1, 642–685.

wird" gibt das arabische *waḥyun yūḥā* nur annähernd wieder. Um den Propheten von der Unterstellung, ein Poet zu sein, Vers 2 f., also jemand, dessen Emblem u. a. die Aporie angesichts der unverständlichen Schrift, *waḥy*, ist, freizumachen, stattet ihn die Versgruppe mit einem *waḥy* aus, das vollkommen verschieden von dem des Dichters ist. Auch das *waḥy* des Propheten ist rätselhaft, insofern es ihm in nicht menschlicher Sprache – *waḥy* bezeichnet ja auch die Kommunikation mit und zwischen Tieren – eingegeben wird. Anders als das *waḥy* des Dichters ist es aber nicht mehr statisch und stumm, sondern ist in Bewegung geraten: Es ist nicht mehr zur Kommunikation untaugliche, unlesbare Schrift, sondern lebendige Kommunikation, die den Propheten erreicht: *waḥyun yūḥā*. Ein stummes Zeichencluster ist in Kommunikation verwandelt.

Wenn diese Refiguration des poetischen stummen *waḥy*, der „unheimlichen Schrift", in Gestalt des koranischen kommunikativen *waḥy* keine bloße Koinzidenz, sondern eine vorbedachte konzeptionelle Strategie ist, wie bereits Josef Horovitz erwogen hat[77], wäre das ein Hinweis darauf, dass es hier um eine beabsichtigte Drehung des paganen Weltbildes geht. Die koranischen Verweise auf Schrift wären dann nicht nur Indizien für eine Relektüre früherer monotheistischer Traditionen wie dem Jubiläenbuch oder dem Prolog zum Johannes-Evangelium, sondern ebenso Zeugnisse eines Neudenkens paganer arabischer Positionen. Vielfältige Intertextualität scheint am Werk zu sein, nicht nur bei der Textentstehung, sondern auch der gemeindlichen Konstruktion einer neuen Identität, wo *qurʾān* den Status des jüdisch-christlichen *memra/logos* annimmt und wo ein neues Verständnis von *waḥy* die Inversion des tief pessimistischen Weltbildes des altarabischen Dichters einleitet, bei dem der nostalgische Blick auf die Vergangenheit einem zuversichtlichen Blick auf die Zukunft gewichen ist.

---

77 Josef Horovitz, Koranische Untersuchungen, Berlin 1926, 67 f.

4. Mekka und das Gespräch mit der (christlichen) Bibel: Von der „wohlbewahrten Tafel" zur Schrift

4.1 Die Einschwörung auf das Konzept „Schrift", *kitāb*

Die in Frühmekka als *lawḥ maḥfūẓ*, als „wohlbewahrte Tafel", oder als *kitāb maknūn,* „verborgene Schrift" evozierte Schrift, aus der der *qurʾān*, die Rezitation des Verkünders, stammt, ist noch nicht als die Urschrift der Bibel im jüdischen oder christlichen Sinne identifizierbar. Die *eine* Tafel als unverbrüchlich verlässliche „Unterlage" himmlischer Schrift erinnert vielmehr deutlich an die – alle göttlichen Entscheide und vor allem die Heilsgeschichte enthaltende – Schrifttafel im Jubiläenbuch. *Qurʾān,* als „Lesung" von einer solchen transzendenten Vorlage – eine beispiellose Innovation der frühmekkanischen Suren, mit der die Verkündigung einzigartige Autorität gewann – wird jedoch wenig später – in mittelmekkanischer Zeit – einer neuen Vorstellung Platz machen, nämlich der Vorstellung von einer mit der Verkündigung präsent gemachten himmlischen Schrift, *kitāb,* die die Quelle aller prophetischen Offenbarungen ist. Von nun an werden fast alle Suren mit einem Verweis auf „die (himmlische) Schrift" eingeleitet, oft entspricht dem eine weitere *kitāb*-Referenz am Surenende. Diese Affirmation des Ursprungs aus der Schrift – die Offenbarungsbestätigung – nimmt nun den Platz in der Sure ein, den vorher die rhythmischen Schwurserien behaupteten, die mit Schwüren bei einer Vielfalt von Gegenständen, darunter auch heiligen Orten und heiligen Zeiten, dem von ihnen eingeleiteten Text eine sakrale Dimension gaben. Zu Anfang dieser Entwicklungsphase wird auch „bei der Lesung" geschworen, im Allgemeinen sorgt aber ein klarer Verweis auf die Herkunft des Vortrags aus „der Schrift" für Eindeutigkeit: Die Texte berufen sich von nun an auf das *kitāb* als ihre eigentliche Autorität. Zugleich kommt dem *kitāb* eine historische Rolle zu: *al-kitāb* ist „die Schrift", die vorher vor allem Mose vermittelt wurde, so dass sich der Koran zur Selbstbeglaubigung auf seine Übereinstimmung mit der auch Mose gegebenen Version der himmlischen Schrift berufen kann. Deshalb ist *kitāb* viel eher als *lawḥ maḥfūẓ* mit einer himmlischen Urschrift der Bibel gleichsetzbar, jedoch – da diese Urschrift nicht nur Inhalte der hebräischen Bibel, sondern auch solche des Neuen Testaments umfasst – am ehesten der christlichen Bibel.

Al-kitāb bezeichnet – so könnte man mit Nicolai Sinai formulieren[78] – den himmlischen „Modus der Speicherung" des Wortes Gottes, während *al-qur'ān* auf die irdische Realisierung seiner Artikulation verweist. Dennoch sind beide ihrer Form nach niemals identisch, denn der Verkünder erhält die Exzerpte aus dem *kitāb* nicht unverändert, sie sind vielmehr im Zuge ihrer Überlieferung den besonderen Bedürfnissen der Rezipienten angepasst worden. Sinai betont diesen Unterschied, den der Koran selbst als besondere hermeneutische Kodierung der Verkündigung reklamiert. Diese wird sogar mit einem *terminus technicus* bezeichnet: *tafṣīl*. Der *locus classicus* für diese Wahrnehmung sind die mittelmekkanischen Verse Q 41:2 f.:

> Herabsendung vom barmherzigen Erbarmer,
> eine Schrift, deren Zeichen klar dargelegt wurden
> als arabische Lesung, für Leute, die verständig sind.

Tafṣīl, „klare Darlegung", impliziert nach Sinai also eine Art Paraphrase aus dem *kitāb*, durch die die Texte dem Horizont der Hörer angepasst worden sind. Diese Beobachtung wirft zugleich Licht auf die – oft als irritierend wahrgenommene – Tatsache, dass im Koran einzelne Erzählungen mehr als einmal und in verschiedenen Versionen erzählt werden. Diese verschiedenen Geschichten sind im Lichte der *tafṣīl*-Hermeneutik als sukzessive Wiedergaben einer einzigen *kitāb*-Perikope zu sehen, die mehrfach neu formuliert und an die wechselnden gemeindlichen Situationen adaptiert worden ist. Sinai folgert: „Aus der koranischen Perspektive kann das himmlische Buch den Menschen in keiner anderen Form als *mufaṣṣalan*, als durch *tafṣīl* adaptiert, Q 6:114, gegeben werden. Das *kitāb* kann durch göttliche Offenbarung zugänglich werden, aber angesichts der Notwendigkeit, solche Offenbarungen auf eine bestimmte Zielhörerschaft zuzuschneiden, ist das *kitāb* als solches zu niemandes Verfügung, nicht einmal in Form wörtlicher Exzerpte."[79] Damit hat in der spätmekkanischen Zeit die Mündlichkeit der heiligen Schrift den Rang eines koranischen Glaubensartikels, eines Theologumenons, angenommen – ein Phänomen, das von keiner anderen Schrift bekannt ist.

---

78 Sinai, Qur'ānic Self-Referentiality (wie Anm. 71), 126.
79 Ebd.

Allerdings ist die hier zugrunde liegende Vorstellung von der Anpassungsfähigkeit der Schrift an die sich wandelnde Situation der Rezipienten nichts spezifisch Koranisches, sondern bereits eine biblische Errungenschaft. Auch das biblische Textwachstum hat mit dem Aufkommen neuer Erwartungen bei den Adressaten zu tun. Es entstehen mehrfach biblische Bücher, die Bekanntes unter neuen Aspekten wieder erzählen. James Kugel sieht in dieser Fähigkeit der „Selbst-Aktualisierung" sogar eines der Entwicklungsprinzipien der Bibel[80]. Der Koran stellt sich mit seiner Wiedererzählung von biblischen Geschichten in diese für den Umgang mit der Bibel bereits etablierte Tradition. Doch stellt er diese Praxis in den Dienst seiner besonderen mündlichen Medialität. Mündlich kommunizierte Versionen der biblischen Erzählungen sind flexibler als schriftliche Texte, sie lassen spätere Rückverweise und sogar – anlässlich des erneuten Vortrags eines schon verkündeten Textes – erklärende Erweiterungen, eine Art mündlicher Glossierung, zu.

Aber erst in Medina wird das Medium der in Menschenhand befindlichen heiligen Schriften kritisch reflektiert[81]. Die Angehörigen der beiden älteren Religionen werden nun als mit der koranischen Gemeinde konkurrierende Anwärter auf das Erbe jener monotheistischen Traditionen wahrgenommen, die bis dahin allgemein verfügbar waren und nicht konfessionell zugeordnet erschienen. In dieser Funktion als Rivalen in einem Erbstreit, aufgrund ihrer gewissermaßen als Besitzurkunden reklamierten heiligen Schriften, werden die Angehörigen der älteren Religionen – schon seit spätmekkanischer Zeit – als *ahl al-kitāb*, „Schriftbesitzer", bezeichnet. Bereits ihre erste Nennung in Q 29:46 steht im Kontext eines virtuellen Konflikts, der nur durch „faires Disputieren" abgewehrt werden kann: *wa-lā tujādilū ahla l-kitābi illā bi-llatī hiya aḥsanu*, „Disputiert mit den Leuten der Schrift nur in freundlicher Weise!" Die hier eingeführte Benennung der Angehörigen anderer Religionen als *ahl al-kitāb* muss erstaunen, da sie ein auch von der koranischen Gemeinde geteiltes Charakteristi-

---

80 James L. Kugel, The Bible as it Was, Cambridge MA 1997, IX–XIII. Man könnte weiterhin auf die Targumliteratur verweisen, die Bibeltexte nicht nur in eine neue Sprache, sondern auch in eine den Erwartungen späterer Hörer und Leser angepasste Form überführt.
81 Zu der in dieser Zeit getroffenen Differenzierung zwischen verschiedenen Typen von Schriftversen, eindeutigen und mehrdeutigen, siehe unten S. 80 ff.

kum abzurufen scheint, doch dient der Ausdruck nie zur Selbstbezeichnung dieser Gemeinde. Weil an dieser Stelle noch keine abwertende Einschätzung mitschwingt, könnte der Ausdruck eine Selbstbezeichnung der Juden und/oder Christen wiedergeben, die vielleicht gerade als Hinweis auf den wichtigsten Unterschied gelegen kam: die jüdisch-christliche Schriftlichkeit gegenüber der koranischen Mündlichkeit des Gotteswortes. Denn der von ihnen *materialiter* verdinglicht reklamierten Schrift gegenüber bleibt der Koran zeitlebens des Propheten eine „virtuelle heilige Schrift", eine mündlich bewahrte Botschaft.

4.2 Schrift, untrennbar von Liturgie: *al-Fātiḥa*

Doch das sind bereits spätere Entwicklungen. Eine enge Annäherung an die christliche Tradition manifestiert sich schon früher: mit der Formulierung der als Anfangssure überlieferten *Fātiḥa* und ihrer Etablierung als Gemeindegebet. Wie bedeutend dieser Durchbruch auch der Gemeinde erschienen ist, zeigt sich in ihrer triumphalen Erwähnung in einer mittelmekkanischen Sure, Q 15:87.

> Wir gaben dir die sieben zu Wiederholenden und den gewaltigen Koran.[82]

Was die Identifikation der ja das Gemeinte nur umschreibenden „sieben zu Wiederholenden" mit der *Fātiḥa* in Q 15:87 besonders unterstützt, ist die Beobachtung, dass die *Fātiḥa* selbst, von der Einzelelemente in mehreren mittelmekkanischen Suren „zitiert" werden, in Sure 15 besonders häufig, nämlich mit nicht weniger als sieben Reminiszenzen evoziert wird, so dass von einer sehr engen Verbindung zwischen beiden Texten ausgegangen werden kann[83]. Das bedeutet,

---

82 Die traditionskritischen Argumente zugunsten der Identifikation von *sabʿan mina l-mathānī*, den sieben „Wiederholversen" oder wörtlich „sieben Wiederholten" bzw. „zu Wiederholenden", mit der *Fātiḥa* finden sich zusammengestellt bei Angelika Neuwirth/Karl Neuwirth, Sūrat al-Fātiḥa. ‚Eröffnung' des Text-Corpus Koran oder ‚Introitus' der Gebetsliturgie?, in: Text, Methode und Grammatik, hg. v. Walter Gross/Hubert Irsigler/Theodor Seidl, St. Ottilien 1991, 331–357.

83 Vgl. die Liste der *Fātiḥa*-Reminiszenzen in Q 15 bei Neuwirth, Studien zur Komposition (wie Anm. 60), 340 f. und zur innerkoranischen Konstatierung der Existenz der *Fātiḥa* A. Neuwirth, Referentiality and Textuality in Sūrat al-Ḥijr. Some Observations on the Qurʾānic ‚Canonical Process' and the

dass die in der Sure (Q 15:26–48) etablierte Selbstwahrnehmung der Gemeinde, durch göttliche Erwählung ausgezeichnet zu sein[84], sich nun mit dem neuen Bewusstsein verbindet, die wichtigsten Elemente eines Gottesdienstes zu besitzen, nämlich zusätzlich zur Koranlesung noch einen wichtigen anderen liturgischen Text zum gemeindlichen Vortrag. Beides: gemeindliches Selbstbewusstsein und eine tragfähige Gottesdienststruktur gehören zusammen. Mit der *Fātiḥa* (Q 1) ist nun ein Element gegeben, das – anders als die dem Vortragenden vorbehaltenen Suren – der Gemeinde selbst eine Stimme verleiht. Man kann darin sowohl eine Entsprechung zum christlichen Vaterunser[85] sehen als auch – wohl vorrangig – eine Reformulierung dessen, was im christlichen Gottesdienst als Introitus am Anfang steht[86]:

> Im Namen Gottes, des barmherzigen Erbarmers.
> Lob sei Gott, dem Herrn der Welten,
> dem barmherzigen Erbarmer,
> dem König des Gerichtstags.
> Dir dienen wir, dich rufen wir um Hilfe an.
> Führe uns den rechten Weg,
> den Weg derer, denen du Gunst erwiesen hast,
> nicht derer, über die du zornig bist, und nicht derer, die irregehen.

Dass die *Fātiḥa* – obwohl ein offenkundig mündlich gedachter Gebetstext – in der Forschung bisher stets als Teil des Koran, als eine der Offenbarungen/Verkündigungen, wahrgenommen und nicht als – erst redaktionell dem Kodex als eine Art Proömium vorangestellter – „Paratext" gesehen worden ist, erklärt sich aus der vorherrschenden Sicht auf den Koran als eines schriftlich verfassten Textes, nicht eines liturgischen Vortragstextes, der im Gottesdienst auf weitere komplementäre Texte angewiesen ist. Eine liturgiegeschichtlich fundierte Perspektive bezieht einzig Anton Baumstark, der im Kontext seines Versuches, die koranischen Gotteslobformeln typologisch einzuordnen, eine monotheistische „Genealogie" für die *Fātiḥa* als einem zentralen Gebetsformular rekonstruieren kann. Sie bildet nach Baumstark in

---

Emergence of a Community, in: Literary Structures of Religious Meaning in the Qur'ān, hg. v. Issa J. Boullata, Richmond 2000, 143–172.
84 Neuwirth, Studien zur Komposition (wie Anm. 60), 340 f.
85 Helmut Winkler, Fātiḥa und Vaterunser, in: Zeitschrift für Semitistik und verwandte Gebiete 6 (1928), 238–246.
86 Neuwirth/Neuwirth, Sūrat al-Fātiḥa (wie Anm. 82), 331–357.

Formulatur und Struktur einen altchristlichen Lobpreis ab, die sogenannte Doxologie des griechischen Tagzeitengebets – dem *gloria in excelsis* der lateinischen Messe entsprechend –, die wie die *Fātiḥa* selbst ein Herzstück der täglich zelebrierten Liturgie, nicht der Schrift, ist[87]. Dies passt sowohl auf das Gemeindegebet als auch auf den Gottesdienstanfang. Lässt man die einleitende Invokationsformel weg[88], lautet ihr Anfang – im Einklang mit dem Typus anderer Gottesdienst-Einleitungsformulare – *al-ḥamdu li-llāhi rabbi l-ʿālamīn*. Dies entspricht – koranisch in eine universal-monotheistische Diktion überführt – der Doxologie, mit der etwa die Chrysostomos- und die Basilios-Liturgie beginnen:

> Gepriesen sei das Königtum des Vaters und des Sohnes und des Heiligen Geistes, jetzt und immer und in alle Ewigkeit.
> Kyrie eleison.

In beiden Liturgien, der koranischen wie auch der byzantinischen, haben wir einen hymnischen Einsatz vor uns, der in der *Fātiḥa* durch zwei mehrgliedrige Prädikationen („dem barmherzigen Erbarmer, dem König des Gerichtstags") fortgeführt wird. In der griechischen Liturgie füllt er dagegen einen komplexen Satz, der zusammen mit dem unmittelbar folgenden antiphonisch respondierenden *kyrie eleison*, „Herr, erbarme dich" alle Elemente umfasst, die auch im ersten Teil der *Fātiḥa* zur Sprache kommen: die Preisung, „gepriesen sei"– *al-ḥamd*, sodann den Verweis auf die Herrschaft über Jetztzeit und Ewigkeit („jetzt und immer und in Ewigkeit" – *rabbi l-ʿālamīn*[89] (Vers 2), den Gedanken der Barmherzigkeit, „erbarme dich" – *al-raḥmān al-raḥīm* (Vers 3) – und schließlich das eschatologische „Königtum des Vaters" – *mālik yaum al-dīn* (Vers 4). Ähnliche Parallelen lassen sich für den zweiten Teil der *Fātiḥa* zu der in der Liturgie an den Hymnus anschließenden Ektenie, dem Bittgebet, nachweisen, so dass sich die Annahme, die *Fātiḥa* stehe als Gottesdienst-Einleitung in der Tradition älterer Gottesdienst-Anfangsteile, neben der von Helmut Winkler[90]

---

87 Anton Baumstark, Gebetstypus im Koran, in: Der Islam 16 (1927), 229–248, hier: 242–248.
88 Neuwirth/Neuwirth, Sūrat al-Fātiḥa (wie Anm. 82), 353–356.
89 „Herr der Welten" – obwohl koranisch in einigen wenigen Fällen als „Herr der Weltenbewohner" verstanden, steht analog zu den älteren Traditionen für „Herr der Welt und der Ewigkeit".
90 Winkler, Fātiḥa und Vaterunser (wie Anm. 85), 238–246.

und Shelomo Dov Goitein[91] vertretenen Hypothese, die *Fātiḥa* sei ein islamisches Vaterunser, behaupten kann. Der Text dürfte von Anfang an beide Funktionen – die des Introitus und des Gemeindegebets – erfüllt haben.

4.3 Parabeln in neuer Funktion

Direkt an neutestamentliche Texte erinnern aber vor allem die nun zahlreich werdenden Parabeln, deren Eintritt in den Koran sich aus einem inzwischen vollzogenen Funktionswandel der Suren erklärt: In den spätmekkanischen Suren zeichnet sich bereits eine Annäherung der – vorher nach dem Modell eines monotheistischen Gottesdienstes strukturierten – Sure an komplexere Kompositionen ab, die in einzelnen Zügen an Predigten erinnern. Die Absicht, bereits vorgetragene Gedanken auszulegen, ihnen mithilfe biblischer Referenzen, jetzt auch mithilfe biblischer Textstrategien eine zusätzliche Tiefe zu verleihen, zeichnet sich ab. Eines der hierzu neu entdeckten Darstellungsmittel dieser homiletisch geprägten Surenteile ist die Parabel. Die koranischen Gleichnisreden und -erzählungen[92] scheinen auf den ersten Blick an Evangelientexte angelehnt zu sein. Doch ist ihre im Koran behauptete Stellung als ganz neue hermeneutische Errungenschaft unverkennbar. Die koranische Bezeichnung *mathal*, eng mit der hebräischen Bezeichnung derselben Textsorte als *mashal* verwandt, scheint von einer bestimmten Zeit an innerkoranisch zu einem *terminus technicus* geworden zu sein, mit dessen Nennung eine exegetische Programmatik, gewiss aber eine Referenz auf die Gleichnisreden der älteren Religionen angesprochen war[93]. Wenn auch die Verknüpfung des *mathal* mit der Gemeindeentwicklung und dem sich entwickelnden prophetischen Selbstverständnis noch der Beschreibung harrt, so verweist der programmatische Einsatz des aus den Nachbartraditionen bekannten Ausdrucksmittels doch klar auf den nun immer stärker werdenden epistemischen Anspruch der Verkündigung. Eine mit

---

91 Shelomo D. Goitein, Prayer in Islam, in: ders., Studies in Islamic History and Institutions, Leiden 1966, 73–84.
92 Vgl. dazu Theodor Lohmann, Gleichnisse im Koran, in: MIOF 12 (1966) 73–118; 241–287.
93 Eine Analyse der entsprechenden hebräischen Textsorte *mashal* gibt Haggai Ben Shammai, The Status of Parable and Simile in the Qur'an and Early Tafsir, in: JSAI 30 (2005), 154–169.

mathal-Verweis eingeführte Erzählung aus mittelmekkanischer Zeit (Q 36:13–32) wandelt ein Gleichnis aus Mt 21,33–44 ab:

> Präge ihnen ein Gleichnis. Die Leute der Stadt, damals als zu ihnen die Boten kamen.
> Als wir zwei zu ihnen sandten, und sie beide als Lügner verhöhnten, da verstärkten wir sie durch einen dritten.
> Sie sprachen: wir sind Boten, zu euch gesandt. ... (Verse 13 f.)

Wie bei Matthäus wird ein Gleichnis über die Entsendung von Propheten erzählt. Während das Evangelium ein ländliches Szenario, einen – im christlichen Kontext bereits symbolisch konnotierten – Weinberg als Schauplatz wählt, dessen Bearbeiter vom Besitzer des Weinbergs durch Boten zur Übergabe der Ernte gemahnt werden sollen, spricht der Koran von einer Stadt, zu der Gottesboten entsandt werden. In beiden Gleichnissen geht es bei den Boten um Propheten, die zu den Menschen geschickt, aber von ihnen verworfen und mit dem Tode bedroht bzw. sogar getötet werden. Während sich im Evangelium eine Steigerung aufbaut – es fallen zunächst die Boten, dann der Sohn des Eigentümers selbst den Anschlägen der Weingärtner zum Opfer –, läuft das Geschehen im Koran nach dem „Straflegenden-Modell" ab, d. h. die Boten werden in einem Streitgespräch verhöhnt. Getötet werden aber nicht sie, sondern nur ein zur Hilfe eilender Unbekannter, der sich mit einer Mahnpredigt einschaltet. Die beiden Gleichnisse mit äußerlich ähnlichem Plot verfolgen deutlich eine verschiedene Stoßrichtung. Während das Evangeliengleichnis die bis zur Aufopferung des eigenen Sohnes reichende Entschlossenheit Gottes, die Menschen auf das Gottesreich vorzubereiten, fokussiert, und die Szene folglich mit dem Mord am Sohn des Weinbergbesitzers durch die verbrecherischen Weingärtner endet, wird im koranischen Gleichnis ein Martyrium zwar angedeutet (Q 36:26), es trifft aber nicht die Boten, sondern einen Außenstehenden. Die im Evangelium – wo das Sohnesopfer einen das Gleichnis sprengenden großen theologischen Diskurs eröffnet – fortbestehende Spannung ist der koranischen Version fremd, wo das Opfer des Frommen umgehend vergolten wird. Die koranische Geschichte hat das Geschehen an der theologisch entscheidenden Stelle von einem Christus-Gleichnis zu einem Propheten-entsendungs-Gleichnis „umgepolt". Das Opfer bleibt daher Episode – das christologische Gleichnis des Evangeliums wird „entallegorisiert" und damit theologisch entschärft.

4.4 Erzählungen als Fortschreibungen biblischer Geschichte

Solche Umdeutungen betreffen aber vor allem die zentrale Gattung der mittel- und spätmekkanischen Suren, die Erzählung. Erzählungen spielen für die Gemeindebildung in dieser Zeit eine beherrschende Rolle. Denn in dieser Phase erkennt sich die Gemeinde als in der Tradition der Israeliten stehend, in den Erzählungen erleben sie daher biblische Geschichte nach. Biblische Erzählungen, vor allem von Mose, aber auch den Patriarchen und Königen haben jetzt den Platz der früher stereotyp erzählten „Straflegenden", der Berichte über das Geschick der aufgrund ihres Unglaubens vernichteten Völker, eingenommen, in denen in Gestalt der zurückgewiesenen Gottesgesandten zwar auch positive Helden zur Sprache kamen, die aber eher die Situation des Propheten unter seinen Gegnern spiegelten, als Vorbilder für die Gemeinde zu liefern vermochten. Diese vor allem auf der Halbinsel spielenden Geschichten konnten zwar das irritierende Faktum der zahlreichen archäologisch auffälligen Ruinen auf der Halbinsel im Nachhinein als Folge göttlicher Strafhandlungen sinnvoll erklären, sie entbehrten aber mit ihrer Fokussierung auf die Ruinenstätten jeglichen positiven Ausblicks. Der bereits den vorislamischen Gedichten inhärente Kulturpessimismus, die Insistenz auf der Vergänglichkeit, wurde durch diese Erzählungen bestätigt, wenn nun auch Gott selbst an die Stelle der alles verzehrenden Zeit getreten war.

Einen positiven Ausblick bieten dagegen die biblischen Geschichten mit ihren nunmehr individualisierten Akteuren, deren Nachkommen auch keineswegs vom Erdboden getilgt worden waren, sondern in den monotheistischen Religionsgemeinschaften der eigenen Umwelt noch fortlebten. Die Topographie der biblischen Geschichte stellt sich entsprechend nicht als Topographie der Ruinen, sondern als das „Gesegnete Land", mit seinem Zentrum Jerusalem, dar.

Auf die herausragende Bedeutung der koranischen Erzählungen verweist nicht zuletzt auch ihre Position in der Sure: Sie stehen fast immer im Zentrum des Textes – eine Stellung, die an die Position der liturgischen Lesung aus Bibeltexten im jüdischen und im christlichen Gottesdienst erinnert. Offenbar können sie eine vergleichbare Autorität beanspruchen: Während die Rahmenteile der Liturgie im jüdischen und christlichen Gottesdienst den Belangen der Gemeinde im Hier und Jetzt gelten, stellt die Lesung in der Mitte der Liturgie die direkte Verbindung mit dem biblischen Wort Gottes her, das entsprechend feierlich – durch das Herumtragen der Rolle oder des Buches – hervorgehoben wird. Ähnlich in der Sure, die zu dieser (mittelmekkanischen) Zeit durchaus als „Libretto" eines Gottesdienstes gedient haben könnte: Auch hier befassen sich Einleitung und Schluss mit gemeindespezifischen Anliegen, während die Erzählperikope – oft durch eine eigene Einleitung abgehoben – die himmlische Schrift präsent macht[94].

Dass biblische Geschichten im Koran Versionen reflektieren, die bereits vorher durch eine christliche Linse gelesen worden waren, ist in der neueren Forschung vielfach nachgewiesen worden[95]. Dabei ist es jedoch nicht die allegorisierende alexandrinische Lektüre, die sich durchgesetzt hat. Allegorien werden vielmehr vermieden, es werden sogar solche, die sich offenbar bereits fest mit bestimmten Erzählszenen verbunden hatten, aufgelöst und in narrative Details umgedeutet. So verhüllt sich beispielsweise die Jungfrau Maria mit einem Schleier (Q 19:17), statt – wie im Protevangelium berichtet – einen solchen Schleier oder Vorhang (in scharlachroter Farbe in Vorausschau auf die Passion ihres Sohnes) für den Tempel zu weben. Was sich in den mekkanischen Suren reflektiert, ist ein Bibelverständnis, das zwar noch deutliche Spuren einer typologischen oder auch allegorischen Lektüre aufweist, diese aber gerade nicht funktional im Interesse einer Christologie einsetzt. Man denke an die in christlichen Homilien als Typus der *Annunciatio Christi* gelesene Ankündigung Isaaks an Sara (Gen 18), wo Saras Lachen als Vorfreude auf die Geburt des Erlösers gedeutet wird[96]. Auch die koranische Szene der Sohnes-Ankündigung in Q 11:69–76 enthält das Lachen (Vers 71), nun aber – isoliert von der christlichen Typologie – bereits vor der Ankündigung des Sohnes. Jegliche Isaak-Christus-Typologie ist damit ausgeschlossen. Noch zufälliger erscheint die Spur einer christologischen Lektüre, wenn in der Josefsgeschichte das für den vorgeblichen Tod Josefs verantwortlich gemachte Raubtier (Q 12:17) ein Wolf ist. In Gen 37,33 ist das Tier nicht spezifiziert, die rabbinische Tradition nennt einen Bären; es sind christliche Homilien, die den Wolf – als Todfeind des Lammes – eingeführt haben. Er findet sich im Koran wieder, aber ohne dass Josef

---

94 Vgl. dazu Neuwirth, Der Koran als Text der Spätantike (wie Anm. 2), 323 f.
95 Josef Witztum, The Syriac Milieu of the Qur'an: The Recasting of Biblical Narratives, nicht publizierte Dissertation, Princeton University, 2011.
96 Gabriel S. Reynolds, Reading the Qur'an as Homily. The Case of Sara's Laughter, in: The Qur'ān in Context (wie Anm. 52), 585–592.

damit zum Typus Christi erhoben würde. Es bleiben also Spuren einer christologischen Deutung von Szenen und Figuren im Koran stehen, doch haben sie in der mekkanischen Verkündigung keine theologische Funktion mehr. Denn gerade Christologie wird ganz konsequent selbst aus neutestamentlichen Erzählungen eliminiert. Das zeigt insbesondere die Geburtsgeschichte Jesu in Q 19:16–33, in der zwar nach dem Vorbild des Lukas-Evangeliums Jesu Geburt im Anschluss an diejenige des Johannes erzählt wird, der Person des Johannes aber in der Folge keinerlei Funktion für die Entfaltung von Jesu Wirken zukommt, sondern beide Prophetengeschichten ganz unverbunden bleiben.

5. Das neue Gottesvolk auf dem Weg aus dem realen Mekka ins imaginierte Gelobte Land

5.1 Jerusalem als Sehnsuchtsziel der Exilanten

Die mittelmekkanischen Suren weisen gleichzeitig eine neue räumliche Rahmengebung der Botschaft auf. Diese Texte, die zahlreiche biblische Geschichten enthalten, haben den Gesichtskreis der Hörer erweitert, sie aus ihrer lokalen Umgebung heraus in die entfernte Landschaft des Heiligen Landes geführt, *al-ard allatī bāraknā fīhā*, „das Land, das wir gesegnet haben" (Q 21:71), das als Szenerie für die Geschichte der „spirituellen Vorfahren" der Gemeinde, der Israeliten, vertraut ist. Die Einführung der Gebetsrichtung, *qibla*, nach Jerusalem ist ein sprechendes Zeugnis für diese allgemeine Änderung der räumlichen Orientierung. Der in dieser rituellen Neuorientierung kulminierende Prozess lässt sich in groben Zügen am ehesten mit den von Jan Assmann eingeführten Kategorien der rituellen und textuellen Kohärenz erfassen[97]. Die vorher nur in kurzen Anspielungen evozierten biblischen Geschichten treten nun, in mittelmekkanischer Zeit, in den Vordergrund, die Protagonisten der frühen Geschichtserzählungen, Figuren von der arabischen Halbinsel, machen biblischen Gestalten Platz, das Heilige Land selbst tritt als Szenario an die Stelle des alten Arabien. Ein Beispiel unter vielen liefert die Geschichte des israelitischen Tempels, die

---

97 Vgl. Assmann, Das kulturelle Gedächtnis (wie Anm. 34), 87–103.

in Q 17:2–8 erzählt wird[98], während vom mekkanischen Heiligtum in mittel- und spätmekkanischer Zeit kaum mehr die Rede ist. Die damit anstelle der ererbten eigenen Geschichtserinnerung gesetzte biblisch-heilsgeschichtliche Vergangenheit bildet von nun an eine mit der Wirklichkeit konkurrierende „Textwelt", der man sich auch im Gebet mit der physischen Geste der Gebetsrichtung annähert.

Die Maßnahme der Einsetzung dieser ersten Gebetsrichtung ist im Koran nicht bezeugt, noch ist die islamische Tradition zu ihr einstimmig[99], doch wird sie in der neueren Forschung im allgemeinen für die mekkanische Zeit vorausgesetzt. Vor allem aber wird die Einnahme der Gebetsrichtung nach Jerusalem in einem Koranvers (Q 17:1) deutlich reflektiert, wo von einer nächtlichen Entrückung des Propheten zu der „fern(st)en Anbetungsstätte", *al-masjid al-aqṣā*, gesprochen wird:

> Gepriesen sei, der seinen Diener nachts ausziehen ließ von der heiligen Anbetungsstätte zur fernen Anbetungsstätte, die wir ringsum gesegnet haben, um ihm von unseren Zeichen zu zeigen. Er ist der Hörende, der Sehende.

Der enigmatische Vers lässt sich nur aufgrund der koranischen Umschreibungskonventionen (*al-masjid al-ḥarām*, „heilige Anbetungsstelle" = Mekka; *alladhī bāraknā ḥawlahu*, „die wir ringsum gesegnet haben" = Heiliges Land) eindeutig verstehen[100]. Die Bezeichnung ʿabd,

---

98 Angelika Neuwirth, From the Sacred Mosque to the Remote Temple. *Sūrat al-Isrāʾ* Between Text and Commentary, in: With Reverence for the Word, hg. v. Jane Dammen McAuliffe/Barry D. Walfish/Joseph W. Goering, Oxford 2003, 376–407.

99 ʿAbdalaziz A. Duri, Jerusalem in the Early Islamic Period. 7th–11th Centuries AD, in: Jerusalem in History, hg. v. Kāmil al-ʿAsalī, Buckhurst Hill 1989, 105–125.

100 Angelika Neuwirth, The Spiritual Meaning of Jerusalem in Islam, in: City of the Great King. Jerusalem from David to the Present, hg. v. Nitza Rosovsky, Cambridge MA 1997, 93–116; 483–95. Versuche, hier ein himmlisches Jerusalem anzusetzen, wie sie von Heribert Busse, Jerusalem in the Story of Muhammad's Night Journey and Ascension, JSAI 14 (1991), 1–40 unternommen werden, sind nicht überzeugend, weil sie die Gebetsrichtung nicht in Betracht ziehen, vor allem aber, weil ein Vers in derselben Sure (17:93) die Möglichkeit einer Himmelsreise für den Verkünder energisch ablehnt, vgl. dazu jetzt auch Uri Rubin, Muḥammad's Night Journey (Isrāʾ) to Al-Masjid Al-Aqṣā. Aspects of the Earliest Origins of the Islamic Sanctity of Jerusalem, in: Al-Qantara 29, 1 (2008), 147–164.

„Gottesdiener", ist zwar nicht ausschließlich dem Verkünder vorbehalten, sollte hier aber angesichts des Ausgangsortes auf ihn gemünzt sein. Mit dem Verb *asrā*, „nachts ausziehen", wird im Koran sonst der Exodus des Mose bezeichnet[101]. Ein geographischer Name für den Zielort fällt nicht; doch ist der Verweis auf das angestrebte Heiligtum „fern(st)e Anbetungsstätte" klar verständlich, zumal die Qualifikation „die wir ringsum gesegnet haben" sich auch anderswo im Koran auf das Heilige Land bezieht. Die „fern(st)e Anbetungsstätte" ist also nicht der Eigenname des Heiligtums, sondern eine Angabe über ihre Lage im Verhältnis zur Kaaba.

Was hat der Koranvers aber mit der Gebetsrichtung nach Jerusalem zu tun? Der Vers ist mit seiner hymnischen Referenz auf eine Erfahrung des Verkünders von seinem narrativen Fortgang isoliert[102]. Er spricht kryptisch von einer Entrückung des Verkünders, der an seinem Zielort „Zeichen", *āyāt*, sehen durfte – eine Evokation früher, in Sure 53 und 81 berichteter Visionen, die ebenfalls in der Schau von Zeichen kulminierten. Die mit dem Verb *asrā*, „nachts reisen", anklingende Exodus-Referenz – der gleichfalls nächtlich vorgestellte Auszug Moses (Q 20:77; 26:52; 44:23) ist analog phrasiert – deutet darüber hinaus auf die Erfahrung einer wunderbaren Befreiung. Dass der „Exodus" des Verkünders in Q 17:1 nicht physisch vollzogen wird, sondern metaphorisch, als Traumerfahrung, gedeutet werden will, ergibt sich aus dem koranischen Prophetenbild, das ihm keine Wundertätigkeit zugesteht. Wichtigste Aussage des Verses ist die vom Verkünder – analog zu Mose – erfahrene Befreiung durch Gottes Einwirken, sein „Exodus" aus einer Situation der Bedrängnis und seine Teilhabe an besonderer Gott-menschlicher Kommunikation.

Setzt man voraus, dass die Gebetsrichtung nach Jerusalem zum Zeitpunkt der Verkündigung des Verses bereits eingeführt war, so lässt sich die Entrückung als imaginierte Fortführung der gestischen Einnahme der Richtung nach Jerusalem verstehen. Die islamische Tradition bietet die Deutung einer Traumentrückung an, die unmittelbar

---

101 *Asrā*, „ausziehen" beggenet im Koran zweimal zur Bezeichnung der nächtlichen Flucht des Lot: Q 11:81; 15:65. Dreimal bezeichnet es den Exodus, Q 20:77; 26:52; 44:23.
102 Es folgt eine Geschichte des jüdischen Tempels ohne Bezug auf die Ortsversetzung des hier erwähnten Gottesdieners.

Abb. 11
Madaba, Fußbodenmosaik: Karte des Heiligen Landes
Ausschnitt: Plan von Jerusalem

nach dem Nachtgebet erfolgt sei[103]. Die Entrückung als wunderbare Vollendung des Gebets würde gut zum Zielort Jerusalem passen, der der jüdischen Tradition zufolge Ort des Gebets *par excellence* ist. Der Tempel ist seit dem babylonischen Exil nicht nur das Zentrum der Welt, sondern der Ort, zu dem hin alle Gebete konvergieren, um dann zu Gott aufzusteigen[104]. Zu einem solchen Sammelpunkt für alle Gebete, auch und gerade von Betern im Exil, ist der Jerusalemer Tempel laut Salomos Tempelweihegebet (1 Kön 8,23–53) von vornherein bestimmt, er kann deswegen auch für die sich an die biblische Tradition anschließenden neuen Gläubigen die geographische Orientierung für das Gebet sein.

Mit dieser Gebetsrichtung bringt die frühe Gemeinde des Verkünders jedenfalls symbolisch ihre Zugehörigkeit zur biblischen Tradition zum Ausdruck. Zugleich stellt die Orientierung nach Jerusalem eine

---

103 Al-Ṭabarī, Jāmiʿ al-bayān fī tafsīr al-Qurʾān, Bulaq o. J., Bd. 15, 3.
104 Vgl. Arent J. Wensinck, Art. Ḳibla (i). Ritual and Legal Aspects, in: Encyclopaedia of Islam, hg. v. Peri J. Bearman u. a., Bd. 5, Leiden ²1986, 82 f.

deutliche Kehrtwendung gegenüber der frühmekkanisch mehrfach betonten Privilegierung Mekkas (Q 90:1; 95:3; 105; 106) dar. Während in den frühen Suren, den Sinai ausgenommen, einzig Mekka namentlich Beachtung fand, findet man in den späteren mekkanischen Suren bis zur Hijra keinerlei Verweise auf Mekka mehr, abgesehen nur von Q 17:1, wo Mekka aber mit dem Jerusalemer Tempel kontextualisiert wird. Stattdessen wird das Gelobte Land als der Raum eingeführt, wo die biblischen Propheten gewirkt haben. Suren dieser Zeit kulminieren in dem oft wiederholten Appell, Beispielen zu folgen, die tief in die Geschichte der „spirituellen Vorfahren", der Israeliten, zurückreichen. Jerusalem, repräsentiert durch seinen – physisch nicht mehr bestehenden – Tempel, nicht durch seine realen christlichen Kultstätten (wie in der zeitnahen Darstellung der Madaba-Karte dargestellt, Abb. 11), ist das Zentrum des von der Schrift der *banū Isrāʾīl* bestimmten Raumes. Alle Gebete gravitieren in Richtung Jerusalem als ihrer natürlichen Zielrichtung[105].

5.2 Eine sublime Typologie:
Mose-Jesus-Muhammad – Jerusalem als Kristallisationspunkt

Zugleich wird mit dem prophetenbiographischen Ereignis aber auch die Erinnerung an frühere prophetische Erfahrungen einer direkten oder durch Vertreterfiguren ermöglichten Begegnung mit Gott wachgerufen und dabei Muhammads Prophetenstatus abgegrenzt: Moses Begegnung mit Gott vollzog sich auf dem für sein Volk unzugänglichen Berg Horeb, in der Abgeschiedenheit. Wenn Mose auch Gott nicht von Angesicht zu Angesicht sehen kann, so ist der doch direkt von ihm angesprochen und wird seinerseits von ihm gehört. Jesu Begegnung – nicht mehr mit Gott selbst, sondern mit den Propheten Mose und Elias (Mt 17,1–8, Mk 9,2–8, Lk 9,28–36) – fand ebenfalls auf einem Berg, dem Tabor, statt – ein Ereignis, das sich in den Augen seiner Jünger als „Verwandlung", als *metamorphosis*, darstellte, die seinen eschatologischen Status für einen Moment vorwegnahm. Die ihm begegnenden Propheten sind auf wunderbare Weise für ihn verkörpert und treten mit ihm ins Gespräch, ein Gespräch, in dem es um die Vollendung seiner Mission, um sein Selbstopfer geht, das durch das

---

105 Vgl. Neuwirth, From the Sacred Mosque to the Remote Temple (wie Anm. 98).

Auftreten des ersten und des letzten Propheten in den Rahmen der biblischen Prophetie gestellt wird.

Muhammads Entrückung, die – so wie sie der Koran andeutungsweise berichtet – eine Traumvision suggeriert, enthält dagegen nichts Wunderbares mehr. Vor allem aber führt sie ihn zu einem Ort nicht der Abgeschiedenheit, sondern an einen Ort der Geschichte, zum symbolischen Zentrum der monotheistischen Welt seiner Zeit. Ihm wird auf diese Weise weniger eine persönliche Erhöhung zuteil als eine Aufnahme in den Kreis der bereits vor ihm Berufenen, nun aber nicht mehr als mythischer Gesprächspartner Gottes, noch auch als jemand, der wunderbar mit den älteren Propheten kommuniziert, sondern als ein ganz und gar in die irdische Realität gestellter Prophet. Für ihn lässt sich die Zeit nicht mehr aufheben, er wird daher – wie die Sure suggeriert: im Traum – an einen Ort entrückt, an dem sich Heilsgeschichte bereits gebündelt hat, zum Tempel von Jerusalem.

6. Medina und das Gespräch mit der jüdischen Bibel: Neue religionspolitische Auslegungen biblischer Geschichten

6.1 Die medinischen Juden und die in Rituale eingebettete jüdische Bibel

In Mekka ließ sich der Prozess einer Rezeption und allmählichen Supersession christlicher Lektüren der Bibel beobachten, wobei der schon anfangs beanspruchte Rang des Koran als Manifestation des Wortes Gottes analog zum inkarnierten Wort sich immer mehr verfestigt, so dass das *kitāb*, die himmlische Quelle des Koran, zur mächtigsten Autorität aufrückt. Dieses Vertrauen hatten auch die Einwürfe polemischer Gegner nicht erschüttern können, die die mangelnde Ähnlichkeit des Koran mit den ihnen geläufigen Heiligen Schriften anmahnten. Eine Kontroverse um die Materialität der Schrift bricht auch in Medina nicht sofort auf. Vielmehr beschäftigen die Gemeinde in Medina ganz andere Aspekte der Bibel. Hier werden im Nachhinein längst koranisch bearbeitete biblische Traditionen als religionspolitisch brisant erkannt, für selbstverständlich genommene Positionen werden erschüttert; der Eintritt in ein sektiererisches Milieu, in dem biblische Vergangenheit unerwartet zu einem Streitpunkt der Gegenwart wird, ist unabwendbar. Nicht nur werden jetzt frühere Lektüren nachträglich theologisch vertieft und raffiniertere Perspektiven auf den hermeneutischen Umgang mit der biblischen Tradition eröffnet. Es werden auch die Zeit- und Ortskoordinaten geändert: Das gesamte Panorama der *topographia sacra,* des um ein Heiligtum angeordneten Raumes der Gläubigen, wird samt seiner Ätiologie aus dem Heiligen Land nach Arabien transferiert, eine neue Vergangenheit wird konstruiert. Diese besonderen Auseinandersetzungen mit der Bibel sind Ausdruck der Erfahrung mit einer nun ganz neuen Textgrundlage: Sie vollziehen sich im Gespräch nicht mehr mit der christlichen, sondern mit der jüdischen Bibel, im Denkraum der von rabbinisch gelehrten Gesprächspartnern betriebenen jüdischen Bibellektüre. Dabei tritt als ein besonderes Medium der Vermittlung die jüdische Liturgie hervor.

Die traditionelle Prophetenvita berichtet von der ersten Begegnung mit den neuen jüdischen Nachbarn bereits im Kontext der Emigration des Propheten, der Hijra, selbst[106]: Die Auswanderer erreichen Yathrib – wie die später in al-Madīna umbenannte Stadt der zweiten Wirkungsphase des Propheten zunächst noch heißt – und beobachten dort die – ihnen bis dahin unbekannten – von den Juden zelebrierten Buß-Riten des Versöhnungstages, Yom Kippur, arabisch ʿĀshūrāʾ. Auf die Frage nach dem Festinhalt erhalten sie die Auskunft, es werde damit der Errettung der Israeliten vor ihren Feinden gedacht, der zu Ehren schon Mose gefastet habe. Muhammad soll mit den Worten: „Darauf haben wir sogar mehr Recht!", reagiert haben. Der Fasttag ʿĀshūrāʾ wurde daraufhin für die Neuankömmlinge verbindlich gemacht, Q 2:183: „Ihr Gläubigen, euch ist das Fasten vorgeschrieben, wie es denen vor euch vorgeschrieben war." Dass dieser gemeinsame Feiertag nach Bestehen der ersten großen Bewährungsprobe der Auswanderergemeinde bei der Schlacht von Badr im Jahr 2 der Hijra durch ein neues, eigenes Fest, das Ramadanfasten, ersetzt wurde, zeigt die Schnelligkeit an, mit der man sich von den anfangs als maßgeblich empfundenen Vorbildern der Juden zu distanzieren vermochte. Doch hat gerade das Ramadanfasten entscheidende Charakteristika des Yom Kippur bewahrt: Die Vorstellung von der einzigartigen Nähe Gottes,

---

106 Muhammad ibn Ismaʾil al-Bukhari, Sahih. Kitab al-Sawm 69, hg. v. Ludolf Krehl, Leiden 1864, Bd. 1, 498. Vgl. dazu Yohanan Friedmann, Tolerance and Coercion in Islam. Interfaith Relations in the Muslim Tradition, Cambridge 2003, 16.

der die Gebete erhört, Q 2:186 „Wenn dich meine Diener nach mir fragen, so bin ich nahe, ich antworte auf den Ruf des Rufers, wenn er mich ruft", erinnert deutlich an die stereotype Gottesanrufung in den Yom Kippur-Litaneien, den *selihot*[107], *'anenu*, „Antworte uns!". Die Yom Kippur-Liturgie reflektiert sich auch in der medinischen Überarbeitung der bereits in Mekka erzählten Geschichte von der Idolatrie des Goldenen Kalbes, Ex 32,15–35, die in Medina durch die Verknüpfung mit dem gewichtigen Vers Ex 34,6 f., über die sogenannten Dreizehn Attribute Gottes, eine politische Spitze erhält. Der Koran folgt damit einer bereits in der Yom Kippur-Liturgie hergestellten Versverknüpfung. Es lohnt sich, diesen Fall etwas genauer zu betrachten.

6.2 Die medinischen Juden im Bild der Israeliten: Eine Mose-Erzählung und die Entdeckung des Gotteszorns

Die in Mekka erreichte Selbstgewissheit der Gemeinde, zu den Trägern einer gesicherten Tradition zu gehören, wurde einer Belastungsprobe ausgesetzt, als die „offiziellen" Erben jener biblischen Traditionen – die während der mekkanischen Zeit noch als universal zugänglich galten und deren Deutungsbefugnis daher unbegrenzt zu gelten schien – selbst in Erscheinung traten und eigene Ansprüche auf die Interpretationshoheit erhoben. Die Korantexte, die bereits im späten Mekka in der Auseinandersetzung mit paganen Gegnern zunehmend polemische Färbung angenommen hatten, werden damit im Ton noch schärfer. Das wird besonders an den medinischen „Fortschreibungen" oder „Weitererzählungen" und sogar Überarbeitungen (den sogenannten „medinischen Zusätzen") mekkanischer Texte deutlich, die den bereits im Umlauf befindlichen Texten eine neue theologische Stoßrichtung geben und ihnen dabei nicht selten auch eine religionspolitische Spitze aufsetzen. Diese Politisierung der Verkündigung, die sich am ehesten aus der Konkurrenzsituation mit den anderen Religionen erklären lässt, ist eines der deutlichsten Indizien für die Textgenese aus der Debatte mit Trägern verschiedener Traditionen.

Ein Beispiel liefert die Geschichte vom Goldenen Kalb (Ex 32,15–35), die in der mekkanischen Sure 20, „Ṭāhā" zunächst mit erbaulichem

---

107 Shelomo D. Goitein, Ramadan. The Muslim Month of Fasting. Its Early Development and Religious Meaning, in: Studies in Islamic History and Institutions (wie Anm. 91), 90–110.

Tenor, sogar mit dem Akzent auf der Entschuldbarkeit des kapitalen Vergehens der Idolatrie erzählt wird, in Medina aber eine Fortschreibung erfährt. Sie erhält nun eine neue interpretierende Pointe, die sich nicht mehr aus dem biblischen Vorbild erklären lässt, sondern den Tenor und sogar Teile des Wortlauts jener theologischen Auslegung reflektiert, die die Geschichte vom Goldenen Kalb im Judentum bereits in talmudischer Zeit erhalten hatte[108].

Die Geschichte des Mose als Gottgesandter und Führer seines Volkes war, bevor die – fast ganz der Vita Moses gewidmete – Sure 20 verkündet wurde, bereits mehrmals in mekkanischen Suren erzählt worden[109]. Nirgends hatte dabei die Episode vom Goldenen Kalb eine herausragende Rolle gespielt. Dieses Ereignis wird überhaupt nur in zwei koranischen Texten narrativ entfaltet, außer in der mittelmekkanischen Sure 20 noch in den spätmekkanischen Versen Q 7:142-156. Das verhältnismäßig geringe Interesse an der Geschichte mag mit der Gewichtung der hier berichteten Übertretung zusammenhängen, die nach christlicher Vorstellung als weit weniger gravierend gilt als die Übertretung des ersten Menschenpaares, das die Sünde in die Welt gebracht hat – ein Ereignis, das im Koran theologisch entschärft wird. Diese Gewichtung änderte sich offenbar in medinischer Zeit, wo die Idolatrie-Episode in beiden Texten durch nachträgliche Einfügungen mit einer theologischen und zugleich religionspolitischen Spitze versehen wird.

---

108 Vgl. dazu ausführlich Angelika Neuwirth, Mekkan Texts – Medinan Additions? Politics and the Re-Reading of Liturgical Communications, in: Words, Texts, and Concepts Cruising the Mediterranean Sea. Studies on the Sources, Contents and Influences of Islamic Civilization and Arabic Philosophy and Science. Dedicated to Gerhard Endress on his Sixty-Fifth Birthday, hg. v. Rüdiger Arnzen/Jörn Thielmann, Leuven 2004, 71–93. Zu den Juden von Medina vgl. Michael Lecker, Muslims, Jews, and Pagans. Studies on Early Islamic Medina, Leiden 1995; vgl. auch auch die ältere Studie von Arent J. Wensinck, Muhammad and the Jews of Medina, Freiburg 1975.
109 Sie wird erzählt in Q 79:15-26 (frühmekkanisch); Q 37:114-122; 20:10-99; 26:10-67 (mittelmekkanisch); Q 40:21-55; 28:1-46; 10:75-93; 7:103-156 (spätmekkanisch) und Q 2:54-108 (medinisch). Mit Ausnahme von Q 7:103-156 und 2:54-108 werden alle Versionen der Geschichte diskutiert in Angelika Neuwirth, Erzählen als kanonischer Prozess. Die Mose-Erzählung im Wandel der koranischen Geschichte, in: Islamstudien ohne Ende. Festschrift für Werner Ende zum 65. Geburtstag, hg. v. Rainer Brunner u. a., Würzburg 2002, 322–344.

In Sure 20 nimmt die Episode den letzten Teil (Verse 87–99) einer ausführlich erzählten Mose-Vita ein, die, von einem Einleitungspassus abgesehen (Verse 1–9), die gesamte Sure ausfüllt (Verse 10–99). Die Erzählung geht besonders empathisch mit der Mose-Figur um, sie betont seine enge Verbindung zu Gott, ohne – wie das in späteren Texten wie Q 28 geschieht – ihm kritisch seine mehrmaligen Fehltritte vorzuhalten. Auch der Bericht über die Idolatrie des Volkes[110] kann das positive Bild nicht trüben. Er beschränkt sich auf grobe Fakten: Gott selbst lässt Mose wissen, dass sein Volk auf die Probe gestellt und durch Verführung in die Irre geleitet worden sei (Verse 83–85, vgl. Ex 32,7); zu seinem Volk zurückgekehrt, wird er selbst Zeuge des Götzendienstes. Die Schuld für diese schwere Sünde wird jedoch nicht der Gemeinde zur Last gelegt – Aaron als Moses Vertreter wird sogleich entlastet – sondern der biblisch unbekannten Figur des Sāmirī[111], der sich offenbar als Fremder unter die Israeliten gemischt hatte. Die Tendenz, die Ungeheuerlichkeit der Übertretung durch die Belastung eines „fremden" Akteurs herunterzuspielen, erinnert an midraschische Nacherzählungen der Geschichte[112]. Der nur durch sein Gentilicium *al-Sāmirī*, „der Samaritaner", ausgewiesene Lückenbüßer wird angeklagt, das Volk – gegen den Willen Aarons – zur Anfertigung des Idols verführt zu haben. Er wird verflucht und verstoßen, so dass die Geschichte mit Versöhnung statt göttlicher Strafe enden kann; sie schließt mit einer Preisung der Einheit Gottes (Vers 98). Die Geschichte innerhalb der fast ganz dem Mose-Zyklus gewidmeten Sure 20 kann somit noch als ganz hagiographisch, als Teil einer exemplarischen Mose-Vita gelten, in der noch am ehesten der Kindheit des Mose – die typologisch derjenigen Jesu präludiert – Interesse gilt.

Auffallenderweise war vorher – in der unerweiterten Form der Sure – gar nicht auf das bedeutende Ereignis der Tafel-Übergabe, das Gründungsereignis der israelitischen Erwählung, eingegangen worden, zu dem das Vergehen der Idolatrie den eigentlichen Kontrapunkt bildet. In der unerweiterten Sure fehlte damit gerade das, was aus jüdischer Perspektive – in Daniel Boyarins Worten – als einer der „zwei

---

110 Für exegetische Erklärungen einiger problematischer Details vgl. Gerald R. Hawting, Art. Calf of Gold, in: Encyclopaedia of the Qur'ān (wie Anm. 7), Bd. 1, 272–276.
111 Horovitz, Koranische Untersuchungen (wie Anm. 77), 114–116.
112 Speyer, Die biblischen Erzählungen im Qoran (wie Anm. 48), 327–332.

Höhepunkte der *Heilsgeschichte*"[113] gilt. Auch der andere Höhepunkt, die wunderbare Durchquerung des Schilfmeers, wurde nur kurz resümiert (Verse 77–79). Diejenigen Begebenheiten, die in der rabbinischen Tradition Auslöser bedeutender Diskussionen sind, sind in der koranischen Darstellung der Sure *vor* ihrer Erweiterung also marginalisiert oder ganz ausgelassen.

Umso überraschender, dass mit den Versen 80–82 theologische Überlegungen in die Geschichte einfließen, die mit dem versöhnlichen Tenor der Erzählung vom Goldenen Kalb nicht mehr harmonieren. Sie sind in eine direkte Anrede gekleidet, die als Unterbrechung der Erzählung leicht als medinischer Zusatz[114] erkennbar ist. Sie ermahnt die Israeliten, *banū Isrāʾīl* – jetzt nicht mehr in empathischem, sondern in ernstem, dann drohendem Ton – sich vor Gottes Zorn zu hüten. Der Zusatz ist zwischen dem sehr kurzen Resümee der Exodus-Geschichte[115] (Q 20:77–79) und der Geschichte vom Goldenen Kalb (Q 20:83–99) eingefügt (der Passus ist kursiv hervorgehoben):

> 77 Wir gaben Mose ein: Zieh des Nachts aus mit meinen Dienern, bahne ihnen einen trockenen Weg durch das Meer, fürchte keinen Überfall, und sei nicht angstvoll.
> 78 Da folgte ihnen Pharao mit seinen Heerscharen, aber sie wurden von der See überwältigt.
> 79 Pharao hatte sein Volk in die Irre geführt und es nicht rechtgeleitet.

---

113 Daniel Boyarin, The Eye in the Torah. Ocular Desire in Midrashic Hermeneutic, in: Critical Inquiry 16 (1990) 532–550, hier: 534.

114 Vgl. zu den medinischen Zusätzen Tilman Nagel, Medinensische Einschübe in mekkanischen Suren, Göttingen 1995. Seine Untersuchung beschränkt sich auf die Dokumentation und Interpretation der von der Tradition gebotenen Nachrichten. Diese decken aber nur einen Bruchteil der faktischen Zusätze ab, die von kritischen Forschern seit Theodor Nöldeke identifiziert worden sind. So werden die hier und in Sure 7 festgestellten Zusätze in seiner Liste von traditionell nach Medina verwiesenen Teilen mekkanischer Suren nicht aufgeführt.

115 Auch dieser Passus zu dem aus jüdischer Perspektive – vgl. Boyarin, The Eye in the Torah (wie Anm. 113), 534 – zentralen Ereignis der Schilfmeer-Durchquerung könnte später, zusammen mit dem Anrede-Passus, nachgetragen sein, um die Erwartung jüdischer Hörer, die zentralen Ereignisse ihrer Heilsgeschichte referiert zu finden, zu erfüllen. Dennoch ergibt sich – anders als für die Verse 80–82 – formal kein zwingender Grund für die Annahme eines späteren Zusatzes.

80 ‚Söhne Israels! Wir haben euch vor eurem Feind errettet und ein Treffen mit euch abgemacht auf der rechten Seite des Berges. Wir haben Manna und Wachteln auf euch herabgeschickt.
81a Esst von den guten Dingen, mit denen wir euch versorgt haben und übertreibt darin nicht, 81b damit nicht mein Zorn über euch komme. 81c Denn der, über den mein Zorn kommt, ist verloren.
82 Ich bin verzeihend gegenüber dem, der umkehrt und glaubt und gute Werke tut und dann dem rechten Weg folgt.'
83 Mose, was hat dich bewogen, dich so rasch von deinem Volk zu entfernen? [Es folgt die Episode des Goldenen Kalbes.]

In den Versen 80–82 wird also das in der Sure noch nicht berichtete – für die jüdische Tradition so zentrale – Ereignis des Bundesschlusses nachgetragen und zusammen mit der wunderbaren Ernährung durch Manna und Wachteln zur Grundlage einer Ermahnung gemacht. Die Verse verlagern die Rede aus dem Bericht in eine direkte Anrede, die ein weiteres Argument für den Zusatz liefert. Denn die Formel *yā banī Isrā'īl*, „Söhne Israels!", ist keineswegs einfach Anrede der historischen Israeliten durch Mose – eine solche kommt in der Geschichte nirgends sonst vor – sie ist vielmehr, analog zu den zeitgenössischen medinischen Versen Q 2:40, 47 und 122, Teil der Predigt des Verkünders selbst[116] und somit an Hörer unter den medinischen Juden gerichtet. Unwahrscheinlich wird der Bezug zu den historischen Israeliten vor allem durch den Inhalt der Anrede. Denn die Mahnung, es nicht zu weit zu treiben, die die unmittelbar vorausgehende Aufforderung fortführt, „von den guten Dingen" zu essen, kann am ehesten auf eine Übertreibung in der rituellen Befolgung der Speisegesetze zielen. Eine solche Übertreibung, die zur Segregation ihrer Befolger aus der größeren Gemeinschaft und damit zu gesellschaftlicher Polarisierung führen würde, wäre bei den historischen Israeliten irrelevant, sie wird erst im Kontext des Zusammenlebens verschiedener religiöser Gruppen, eben

---

116 Während von den *banū Isrā'īl* in mekkanischen Suren mehrfach die Rede ist, werden sie nur in Medina in Q 2:40.47.122 und Q 61:6 direkt angesprochen. Dies geschieht in keinem Fall durch Mose; der Übermittler der Rede an sie ist in Q 2:40.47.122 offenbar der Verkünder selbst, da die Angeredeten ermahnt werden, die koranische Botschaft anzuerkennen. Das heißt, dass in diesen Kontexten nicht die historischen Israeliten, sondern die medinischen Juden angesprochen sind. Eine Ausnahme bildet der spätmedinische Vers Q 61:6, wo die Anrede in der historischen Vergangenheit erfolgt. Hier ist Jesus der Sprecher, er kündigt das Kommen des Verkünders an.

in Medina, problematisch. Schon der Inhalt der Anrede an die Israeliten macht daher die Annahme, dass wie in Sure 2 zeitgenössische jüdische Hörer angesprochen sind, sehr wahrscheinlich.

Vor allem spricht aber ein theologisches Argument für diese Deutung: die Thematisierung des göttlichen Zorns. Obwohl der Zusatz Erinnerungen an Episoden weckt, die in der ursprünglichen Erzählung ausgelassen worden waren und daher einen Nachtrag nötig machten – Gottes Bund am Sinai und seine Versorgung der Israeliten mit himmlischer Nahrung[117] –, bezieht sich der ermahnende Kommentar nicht nur auf die Warnung vor Übertreibung, sondern präludiert auch bereits dem – anschließend berichteten – Götzendienst. Denn er kulminiert in einer direkt mit dem Schuld-Sühne-Diskurs um die Anbetung des Goldenen Kalbes verbundenen Androhung göttlichen Zorns, der nur durch Reue, Glauben und gute Taten abgewendet werden kann – ein Gedanke, der bis dahin in mekkanischen Texten noch nirgends angesprochen worden war[118].

Die Einführung des Gedankens von Gottes Zorn im Kontext der anschließenden Geschichte vom Goldenen Kalb ist nicht zufällig. Bei genauerem Hinsehen erweisen sich die Verse 81b–82 als Anspielung auf einen besonders gewichtigen Schriftvers, den *locus classicus* für die Idee von Schuld und Sühne in der jüdischen Tradition überhaupt, der biblisch nicht direkt zur Geschichte gehört: Ex 34,6 f. Gottes Bild als sowohl zorngeneigt als auch vergebend hat seine ausdrucksvollste Form in der göttlichen Selbstbeschreibung gefunden, die Mose offenbart wird, als er – nach dem Ereignis des Goldenen Kalbes – die neuen Tafeln übergeben bekommt. Sie enthält die in der jüdischen Tradition sogenannten „Dreizehn Attribute", *shelosh 'esre ha-middot*, die sämtlich mit Zorn *(middat ha-din)* und Gnade *(middat ha-raḥamim)* verbunden sind, die in der jüdischen Liturgie von früher Zeit an eine pro-

---

117 Für die Form der koranischen Kurzfassung kommen am ehesten Referenzen wie die Mekhilta de-Rabbi Ishmael und Sifre Devarim in Betracht (freundliche Mitteilung von Dirk Hartwig).
118 Die Eigenschaft göttlichen Zorns *ghaḍab*, findet sich in mekkanischen Texten außer in Q 20:81b.c nur in Q 20:86, wo die gleiche Formulierung *(fa/an) yaḥilla 'alaykum ghaḍab(ī/un min rabbikum)*, „so dass auf euch Zorn von eurem Herrn herabkomme", gebraucht wird. Dieser Satz unterbricht aber den sonst exklusiv Fakten-berichtenden Fortgang und ist überlang. Er dürfte sehr wahrscheinlich eine spätere Ergänzung sein, die eingefügt wurde, um den neuen Gedanken des Gotteszornes zu unterstreichen.

minente Stellung einnahmen. Auch spielt Ex 34,6 f. außerbiblisch, und zwar in der Yom Kippur-Liturgie, eine zentrale Rolle. Dort wird der Rückfall in die Idolatrie als der Sündenfall der Israeliten schlechthin, als *locus classicus* für das Auf-sich-Laden schwerster Schuld[119] in einer „Anthologie" von Bibelversen in Erinnerung gerufen, unter denen die Exodus-Verse 34,6 f. mehrmals abgerufen werden. Diese dürften auch als Teil des Bildungsgutes der Juden von Medina vorausgesetzt werden können, von deren Einhaltung des Festtags wir auch aus außerkoranischen Quellen wissen[120]. Man möchte daher annehmen, dass die beiden letzten Verse des medinischen Zusatzes (Q 20:81 f.) ein Echo dieses für den Zorn-Diskurs so zentralen Bibeltextes sind. Es fällt allerdings eine wichtige Umdeutung der Dreizehn Attribute auf. Zwar sind auch in der koranischen Version die Begriffe der Vergebung (*ghafūr*, „vergebend", Vers 82) und des Zorns (*ghadab*, „Zorn", Vers 81b.c) zentral. Doch wird die biblische Androhung einer göttlichen Vergeltung über Generationen hinweg zu einer nur den Delinquenten selbst treffenden Strafe abgemildert – eine „theologische Korrektur", die dem in der Gemeinde bereits Konsens gewordenen Gottesbild entspricht: Gott ist frei von emotionalen Affekten, auch sein Zorn setzt seine vorher ausgegebenen Devisen nicht außer Kraft. Übertretungen seiner Gebote werden entweder – bei Bußfertigkeit – umgehend gesühnt, oder die Übeltäter fallen der jenseitigen Verdammnis anheim. Trotz dieser Milderung bleibt die Drohung in den Zusatzversen beherrschend: Dem Zorn Gottes kann nur durch Reue und Umkehr (*man tāba*, „wer umkehrt", Vers 82) begegnet werden[121].

Man könnte bei der Überarbeitung von Sure 20 von einer „Politisierung" der in ihrer ursprünglichen Form religionspolitisch neutralen Sure sprechen. Der Bezug auf Ex 34,6 f., einen Text, der im biblischen Kontext erst der Verleihung der neuen Tafeln folgt, wird – wie in der jüdischen Tradition, der Yom Kippur-Liturgie – in einen direkten

---

119 Vgl. dazu BT Sanhedrin 102a: „Es gibt kein Unglück, das Israel betroffen hat, ohne dass es mit der Sünde des Goldenen Kalbes verbunden wäre."
120 Goitein, Ramadan (wie Anm. 91), 90–110.
121 Diese Deutung des Textes im Sinne eines in die Mose-Geschichte nachträglich eingeführten Zorn-Diskurses wird durch den – wieder medinisch nachgetragenen – Rekurs auf die Dreizehn Attribute in der später noch einmal erzählten Geschichte vom Goldenen Kalb in der spätmekkanischen Sure 7 (Vers 142–156) erhärtet.

Kontext der Sühne für die Idolatrie gestellt. Zugleich wird er pragmatisch mit einer für die Gemeinde relevanten Anweisung an die Juden verbunden, nämlich, die sie von der Umgebung absondernden Gesetzesvorschriften nicht zu rigoros zu befolgen. Ein Gespräch mit den Erben des Bibeltextes wird begonnen, in dem „in deren eigener Sprache", d. h. mit Texten und exegetischen Kontexten ihrer Tradition, um ein Mehr an Integration geworben wird. Vor allem aber ist unverkennbar, dass statt Moses der Prophet Muhammad ermächtigt wird, zu den „Israeliten" zu sprechen; beider Autorität verschmilzt in diesem Text zu einer. Die israelitische Heilsgeschichte wird entlang den Ereignissen um die neue Gemeinde fortgeschrieben.

6.3 Die medinischen Juden und ihre christlichen Rivalen: Das Marienleben und die Entdeckung von Ambiguität in der göttlichen Schrift (Q 3)

Neue Öffnungen des Textes
In etwa der gleichen frühmedinischen Zeit, in der die Diskussion des jüdischen Schuld-Sühne-Problems in den Zusätzen zu den Suren 20 und 7 aufbricht, werden auch christliche Traditionen in der Verkündigung neu reflektiert. Ein besonders komplexer Fall, Q 3:1–64, verdient, hier aufgerollt zu werden.

Sure 3 bietet eine durch zusätzliche Details bereicherte Neulektüre der bereits in Sure 19 erzählten Geschichte von Maria und Jesus. Dabei lässt sich – ähnlich wie bei der Revision der Mose-Geschichte – auch hier wieder eine „Politisierung" der alten Geschichte feststellen: Was wie eine narrative Weiterentfaltung der schon in Mekka erzählten Mariengeschichte aussehen könnte, ist eine religionspolitische Neudeutung. Will man diese situative Bedeutung der Erzählung, ihren Sitz im Leben der Gemeinde, und ihre Rolle in der Genese des Koran ausloten, so ist nicht nur die Erzählung (Verse 33–64), sondern auch ihr Prolog (Verse 1–32) relevant. Der Prolog und die ihm folgende Erzählung verbinden die beiden großen Themen der Sure: die Frage nach der hermeneutischen Qualität der Schrift als eindeutig oder ambivalent und die neue Wahrnehmung einer auch außerhalb der israelitischen Patriarchentradition möglichen religiösen Legitimation. Während letzterer Gedanke im Anfangsvers der Erzählung (Vers 33) thematisiert wird, bringt der Surenprolog den ersten Gedanken, die Ambiguität der Schrift, gleich zu Anfang (Vers 7) zum Ausdruck. Der

Vers wird später zum *locus classicus* für die ungleiche hermeneutische
Valenz der Koranverse, zugleich nimmt er zum Problem der Interpretationshoheit – göttlich oder auch menschlich? – Stellung. Ihm gehen
einige für sein Verständnis wichtige Verse voraus, Q 3:1–7:

> Alif lām mīm.
> Gott – kein Gott außer ihm, der Lebendige, der Beständige!
> Er sandte auf dich die Schrift herab in Wahrheit, bestätigend das, was
> vor ihr war,
> und sandte herab die Tora und das Evangelium[122]
> zuvor, als Rechtleitung für die Menschen.
> Und er sandte die rettende Entscheidung.
> Die, die nicht an die Zeichen Gottes glauben,
> ihnen steht schwere Strafe bevor.
> Gott ist mächtig und übt Vergeltung.
> Nichts ist verborgen vor Gott auf Erden und im Himmel.
> Er ist es, der euch formt im Mutterleib, wie er will,
> kein Gott außer ihm! Er ist der Mächtige, der Weise.
> Er ist es, der die Schrift auf dich herabgesandt hat,
> darin sind Verse, die eindeutig [*muḥkam*] sind, sie sind die Mutter
> der Schrift, und andere, die mehrdeutig [*mutashābih*] sind.
> Diejenigen, die in ihrem Herzen schwankend sind, folgen dem, was
> mehrdeutig ist [*mā tashābaha*],
> im Bestreben, Zweifel zu erwecken [*ibtighāʾa l-fitna*],
> und im Bestreben, sie auszulegen [*ibtighāʾa taʾwīlihi*].
> Doch niemand außer Gott kennt ihre Auslegung.
> Die im Wissen fest gegründet sind [*al-rāsikhūna fī l-ʿilm*], sagen: Wir
> glauben daran, alles ist von unserem Herrn.
> Doch niemand lässt sich mahnen, außer denen, die verständig sind.

Vers 7 lässt zwei grundsätzlich verschiedene Deutungen zu[123], da die
syntaktische Zuweisung des Ausdrucks *al-rāsikhūna*, „die Festgegrün-

---

122 Das Evangelium, *injīl* – im Koran verstanden als eine einzige Schrift, keine
Mehrzahl von Evangelien – wird zwölfmal erwähnt, stets in medinischen
Versen. *injīl* wird meist zusammen mit *tawrā*, Tora, genannt, vgl. dazu Sidney
H. Griffith, Art. Gospel, in: Encyclopaedia of the Qurʾān (wie Anm. 7), Bd. 2,
342 f., der allerdings auf den Versuch verzichtet, die Evangeliennennungen in
die Entwicklung des koranischen Diskurses einzupassen.
123 Vgl. Claude Gilliot, Art. Exegesis of the Qurʾān. Classical and Medieval, in:
Encyclopaedia of the Qurʾān (wie Anm. 7), Bd. 2, 99–124, hier: 99 f. Zu den
hermeneutischen Implikationen des Verses vgl. Daniel Madigan, The Qurʾān's
Self-Image. Writing and Authority in Islam's Scripture, Princeton 2001, 53–77

deten im Wissen", in Vers 7 offen ist. Liest man ihn, wie hier übersetzt, als Subjekt eines neuen Satzes, so wird Gott selbst als der einzige zur Interpretation Befugte dargestellt, versteht man ihn aber als Teil der Ausnahme und liest „niemand als Gott und die Festgegründeten im Wissen", so steht auch Menschen der Zugang zur Interpretation offen. Beides ist formal möglich – die Unklarheit dürfte beabsichtigt sein –; der Vers wird in Sunna und Schia auch jeweils verschieden gedeutet.

Aber geht es in diesem Vers wirklich, wie die neuere Forschung, die vor allem an der Wirkungsgeschichte des Koran interessiert ist, meinen lässt, primär um die Interpretationshoheit? Oder geht es nicht eher um die Natur der offenbarten Texte selbst, deren Problematik hier neu reflektiert wird? Der Vers ist innerkoranisch ja keineswegs selbstverständlich: Die Konzession einer hermeneutischen Ambiguität der Schrift muss überraschen angesichts der zahlreichen koranischen Selbstbezeichnungen als einer klaren *(mubīn)* Schrift entstammend (vgl. Q 12:1 und Q 26:2: *tilka āyātu l-kitābi l-mubīn*, „das sind die Zeichen einer klaren Schrift", und Q 43:2: *wa-l-kitābi l-mubīn*, „bei der klaren Schrift!", usw.). Warum sollte es also mehrdeutige Verse in der Schrift geben? Die Frage nach dem Auslöser für die Ansetzung dieser Kategorie lässt sich aus der mekkanischen Erfahrung des Verkünders und seiner Hörer nicht beantworten, sie bleibt ungelöst, solange man sie isoliert von den neuen diskursiven Herausforderungen in Medina angeht.

In der Tat scheinen ältere Intertexte durch den Vers hindurch: Die Wahrnehmung, dass Schriftverse mehr als eine Bedeutung haben, ist in den älteren Religionen nichts Unerhörtes. In der jüdischen Tradition ist sie akzeptierte Realität, die Identifikation der verschiedenen Bedeutungen als „Gesichter der Tora" *(panim shel ha-torah)*, ist seit der tannaitischen Zeit (etwa 2. Jahrhundert n. Chr.) Teil der exegetischen Praxis. Dass in Sure 3 Erfahrungen mit den Juden im Hintergrund stehen, wird auch durch den Ausdruck *al-tawrāh* in Q 3:3 für die den Juden gegebene Schrift[124] nahegelegt, die erstmals mit ihrer innerjüdi-

---

und – darauf antwortend – Uri Rubin, Rezension zu Madigan, The Qur'ān's Self-image, in: JSAI 23 (2003), 381–386.

124 Sie begegnet in Q 3 fünfmal, an den weiteren (vier) Stellen steht sie in einer expliziten Polemik gegen die *banū Isrā'īl*, d. h. die medinischen Juden, bzw. die Schriftbesitzer. Die Einführung der Benennung ist insofern auffällig, als vorher stets vom *kitāb Musa*, der „Schrift Moses", die Rede war. Die Benen-

schen Bezeichnung benannt wird. Die in der jüdischen Auslegung schon alltägliche Wahrnehmung der Ambiguität von Schriftversen, die wir auch für die medinischen Juden voraussetzen können, ist es, die sich auch in unserem Text niedergeschlagen zu haben scheint – eine Innovation, die für das Selbstverständnis der Gemeinde kaum zu überschätzen ist. Was sich hier vollzieht, ist eine vorher nicht gewagte Öffnung des Schriftdiskurses, nach deren Anlass und Sitz im Leben der Gemeinde in der Forschung bisher nicht gefragt worden ist.

Es ist eine Öffnung, die, wie Q 3:7 zeigt, begleitet wird von der Einsicht in eine bereits existierende Praxis der Interpretation, genannt *ta'wīl*[125]. Auch dieser Begriff könnte eine neue Entdeckung sein, wenngleich das Wort bereits für die – allerdings weniger theoretischfundierte – Praxis der Traumdeutung in der Josefsgeschichte begegnet (Q 12:36 f. 99–101). *Ta'wīl* scheint etymologisch auf eine „Rückführung zum Ersten", zu einer Prämisse, kurz: auf eine Deduktion zu deuten, wie sie mit Wahrscheinlichkeit auch von jüdischen Gelehrten praktiziert wurde. Während hier eine eindeutige Identifikation mit einem nichtarabischen Fachterminus schwierig ist, legt sich eine solche für die beiden in Q 3:7 aufgeführten Qualitäten der Verse (*muḥkam*, „eindeutig", bzw. *mutashābih*, „mehrdeutig") positiv nahe. Sie dürften letztlich, wenn auch über noch nicht identifizierbare Zwischenglieder, auf die aristotelische Antinomie von *amphibolos*, „mehrdeutig" und *pithanos*, „eindeutig"[126], zurückgehen. Eine Gruppe von neuen, hermeneutisch relevanten Begriffen tritt hier ans Licht, für dessen Verortung sich zunächst die Hypothese eines Ideenaustausches der Gemeinde mit den Juden Medinas, die über die hier angesprochenen Techniken verfügt haben dürften, anbietet.

---

nung scheint den jüdischen Sprachgebrauch wiederzugeben, da im christlichen Arabisch die aus der Septuaginta übernommene Übersetzung als „das Gesetz", *ho nomos*, *al-namus*, vorherrscht. Die Offenbarungsankündigung in Q 3:3 erhebt mit ihrer Referenz auf den innerjüdischen Sprachgebrauch implizit für die koranische Offenbarung den Anspruch, auf gleicher Stufe mit der Verkündigung an die Juden zu stehen.
125 *Ta'wīl* ist offenbar eine komplexe Interpretationspraxis, die sich von einem *tafsīr*, vgl. Q 25:33, aus hebr. *pesher*, „wörtliche Auslegung", unterscheidet.
126 Vgl. Hermann Bonitz, Index Aristotelicus, Berlin 1870, 39 und 593.

Zwei Religionsgründerfamilien im Wettstreit: das Haus Abraham und das Haus Amram

Eine solche Erklärung, die einen Austausch lediglich mit den medinischen Juden postuliert, erscheint jedoch nicht ausreichend, denn sie würde den Prolog von der im Zentrum der Sure stehenden Erzählung isolieren, die für die gleichzeitige Präsenz christlicher Traditionselemente im frühmedinischen Diskurs der Gemeinde spricht. Die im Zentrum der Sure stehende Erzählung gilt dem christlichen Gründungsmythos: Sie fokussiert die Geschichte der Mutter Marias und die Marias als der Mutter Jesu. Insofern die beiden Frauen zusammen mit dem in einem späteren Erzählungsteil hinzukommenden Jesus die *Āl ʿImrān*, das Haus Amram[127], bzw. in christlichem Verständnis die „Heilige Familie", ausmachen, werden sie als genealogische Gruppe, als Gegenstück zu den *Āl Ibrāhīm*, dem Haus Abraham, begriffen. Mit ihnen wird den Abrahamiten erstmals eine angesichts gleicher Erwählung gleichrangige genealogische Gruppe entgegengestellt (Q 3:33 f.)[128]:

> Gott erwählte Adam, Noah, das Haus Abraham und das Haus Amram
> vor allen Menschen.
> Die einen [sind] die Nachkommenschaft der anderen,
> Gott ist der Hörende, der Sehende.

Die Geschichte von Maria und ihrer ohne Namen bleibenden Mutter, die ihr noch ungeborenes Kind – im Einklang mit dem Protevangelium des Jakobus – dem Tempeldienst weiht, stellt damit ein Gegenmodell zu der Familiengeschichte der Abrahamiten vor. Nicht nur sind hier die wichtigsten Akteure Frauen, die Darstellung überrascht auch durch die explizite Nennung von frauenspezifischen physischen Details („in meinem Leib", „ich werde gebären", „sie gebar", „ein Weibliches"). Nach der Geburt einer Tochter statt des erwarteten Sohnes hält die Mutter an ihrem Gelübde fest: Ihr Kind, dem sie in Abwesenheit des Vaters, der in der Geschichte nicht auftritt, selbst den Namen

---

127 Der Name erklärt sich aus dem Vatersnamen Aarons, Amram. Gemeint ist die Stifterfamilie des israelitischen Opferkults, der mit Aaron beginnt. Die Heilige Familie – insofern sie die Kirche begründet, tritt das Erbe des Tempels an.

128 Die Bezeichnung *Āl Ibrāhīm* ist ebenso wie die von *Āl ʿImrān* an dieser Stelle neu und kehrt ebenso wie jene im Koran nicht wieder. Dennoch sind die Abrahamiten und ihre Familiengeschichte aus älteren Verkündigungen gut bekannt, während von den *Āl ʿImrān* bis dahin nur selektiv – in Q 19 kommen Maria und Jesus zur Sprache – die Rede war.

Maryam, Maria, gibt, soll dem Tempel übergeben werden. Anders als im Protevangelium ist also kein Mann in die Geschichte involviert – wenn wir für einen Moment die parallele Geschichte des Zacharias ausblenden, der keine aktive Rolle in der Mariageschichte spielt. Auch Jesus, Marias Sohn, wird in der Folge das Ungleichgewicht nicht ausgleichen, da sein demütiges Erscheinen in der Öffentlichkeit, seine Weigerung patriarchale Autorität auszuüben – er erlässt nicht, sondern erleichtert Gesetzesvorschriften –, ihn als Gegenmodell zu den Propheten aus dem fest etablierten Haus Abraham ausweist. Es zeichnet sich also für das Haus Amram, die im Einleitungsvers genannte christliche Heilige Familie, eine Charakterisierung ab, die sie zu dem daneben genannten Haus Abraham in Kontrast stellt. Die hier auffallende Betonung der weiblichen Akteure und ihrer Befindlichkeiten, nicht zuletzt des Geburtsakts, hat ihr konträres Gegenstück in der Charakteristik der männlichen Protagonisten der Geschichten um das Haus Abraham, das auf der männlichen Genealogie Abraham, Isaak, Jakob bzw. Israel, Josef beruht, und sich durch unbedingtes Gottvertrauen, Opferbereitschaft, reinen Einheitsglauben (Abraham), und die Vermittlung und Bewahrung des prophetischen Familienerbes (Josef) auszeichnet. Die erstmalige und im Koran einmalige Parallelisierung des Hauses Amram mit dem Haus Abraham macht nun die „Heilige Familie" zu unübersehbaren Konkurrenten der jüdischen Tradition. Erstere tritt hier – gewiss nicht zufällig – nur für ein einziges Mal mit letzterer in Konkurrenz.

Die Textstrategie der „weiblichen Metaphern"
Kehren wir nun zum Prolog mit dem noch offenen Problem der neu erweckten Aufmerksamkeit für die Ambiguität der Schriftverse zurück. Auch in dem einschlägigen Vers Q 3:7 fällt eine sonst in theologischen Debatten nicht geläufige Bildersprache auf, die Weiblichkeit evoziert: Denn überraschenderweise wird der Professionalität der hier für ihre Deutungsobsession gerügten anonymen Interpreten gerade mit geschlechtsspezifisch relevanten Metaphern entgegengetreten: Ihnen wird für ihre Initiative ein Bestreben, wörtlich: ein „Begehren", *ibtiġāʾ*, Zweifel zu erwecken, wörtlich: nach „Aufruhr", auch „Verführung",

fitna[129], unterstellt. Während die mehrdeutigen Verse Wahrnehmungen der Schrift auszulösen scheinen, die ihrerseits an zweifelhafte sexuelle Beziehungen erinnern, stehen die eindeutigen Verse in einer legitimen genealogischen Verbindung zur „Mutter der Schrift", *umm al-kitāb*. Vor diesem Hintergrund erscheint die Haltung der Zweifler nicht nur hyperskeptisch, sondern auch „unmoralisch", indem sie die Mehrdeutigkeit des Textes für ihr Begehren nach *fitna* ausnutzen. In diesem Licht verdient weiterhin die Qualifikation des himmlischen Referenztexts, als *umm al-kitāb*, „Mutter der Schrift", neue Beachtung, insofern der Ausdruck zwei Diskurse, den machtgetragenen Diskurs der vertikal erfolgenden „Herabsendung" *(kitāb, tanzīl)* einerseits und den biologischen, eher Demut und Ausdauer evozierenden Diskurs von Empfängnis und Gebären andrerseits verbindet.

Die weiblich konnotierte Assoziation von *umm al-kitāb* wird unterstrichen durch die Thematisierung der Austragung eines Kindes im unmittelbar vorausgehenden Vers 6, der der hermeneutischen Auseinandersetzung mit den *āyāt muḥkamāt* und den *āyāt mutashābihāt* präludiert:

> Er ist es, der euch formt im Mutterleib, wie es ihm gefällt.
> Kein Gott außer ihm, er ist der Mächtige, der Weise.

Äußerlich eine Aussage über Gottes Schöpferkraft und Allwissen, kann dieser Vers aber auch als Kommentar zu dem die Erzählung beherrschenden Gedanken der Empfängnis und Mutterschaft gelesen werden, wobei die Periode vor der Geburt den Antagonismus der beiden Arten von Schriftversen in Vers 7 zu reflektieren scheint, insofern Gott das Kind im Leib seiner Mutter erschafft, ohne dass sein Geschlecht eindeutig ist. Das Kind bleibt „mehrdeutig", *mutashābih*, bis

---

129 Obwohl *ibtighā'* im Koran sich zumeist auf spirituelle Ziele bezieht, wie das Antlitz Gottes oder sein Wohlgefallen, kann es auch Begehren (Q 13:17) bezeichnen. Angesichts der Präsenz der Wurzel b-gh-y in der Bezeichnung *baghī*, „Dirne" im Kontext der Maria-Geschichte (Q 19:28) könnte eine sexuelle Konnotation auch hier mitschwingen. Vor dem Hintergrund der häufig spirituellen Ziele des *ibtighā'* im Koran muss sein Gebrauch im Kontext von *fitna* besonders subversiv erscheinen. *Fitna*, „Versuchung" ist im Koran (obschon die Wortbedeutung auch „Prüfung, Abweichen vom rechten Wege, innergemeindlicher Streit" deckt) zumeist eine göttliche Strategie, den Glauben der Menschen zu prüfen. Ein Faktor, der *fitna par excellence* ist, obwohl nicht explizit im Koran erwähnt, die Frau.

zu seiner Geburt; nur Gott kennt seine Natur. Marias Mutter weiß nicht um das weibliche Geschlecht ihres Kindes und weiht es deshalb dem Tempel. Es liegt bei Gott, in welcher Gestalt das Verborgene zutage treten wird – sowohl bei der Mutterschaft als auch bei der Herabsendung von Schrift. Auffallend ist, dass in beiden Fällen von einem weiblichen „Zwischenspeicher" Gebrauch gemacht wird: dem „Mutterleib" für die Fortpflanzung und dem „Muttertext" für die Herabsendung.

Nachdem so eine positive weibliche Mittelinstanz, die *umm al-kitāb*, für die Herabsendung der Schrift etabliert ist, und von den Gläubigen respektiert wird, ist es nur logisch, dass auch die Abirrung der Zweifler in Kategorien dargestellt erscheint, die weibliche Assoziationen wachrufen: Sie hängen dem Mehrdeutigen an, aus einem „Begehren" nach Erschütterung der Ordnung heraus, nach *fitna* – ein Ausdruck, der weibliche Verführungskraft zu evozieren scheint.

Ambiguität oder Paradox? Ein koranischer Versuch, mit Christologie umzugehen
Obwohl die Mehrdeutigkeit von Schriftversen offensichtlich ein Problem darstellt, eröffnet doch das Bewusstsein von der Existenz mehrdeutiger Verse einen neuen theoretischen Horizont. Gewiss, diese Wahrnehmung ist im jüdischen Kontext eine Alltäglichkeit, die einer ganzen exegetischen Tradition zugrunde liegt. Trotzdem kann die lokal praktizierte jüdische Exegese die in Q 3:7 aus heiterem Himmel konzedierte Ambiguität von Schriftversen allein nicht erklären. Wie der Einleitungsvers zur Erzählung (Q 3:33) programmatisch deutlich macht, geht es in Q 3 um die Gleichstellung der christlichen mit den abrahamitischen Tradition. Dazu wird eine im Koran einmalig ausführliche Geschichte der Heiligen Familie erzählt (Q 3:33–64), die ein christliches Gegenmodell zur Patriarchen- und Prophetenfamilie der Abrahamiten entwirft. Die in der Erzählung so stark hervortretende weibliche Präsenz greift wiederum auf den Prolog zurück, wo in den Versen 6 und 7 die Ambiguität im Kontext der Mutterschaft und der Herabsendung der Schrift parallelisiert wird. Sie färbt darüber hinaus hermeneutisch ab auf die Situation bei den „Festbegründeten im Wissen" und denen, „die im Herzen schwanken", die ein – an den sozialen Regeln zwischengeschlechtlichen Verhaltens gemessen – legitimes bzw. anstößiges Verhältnis zur Schrift unterhalten. Die Konzession

der Ambiguität sollte daher in einem Zusammenhang mit der Erzählung stehen.

Nun ist das Problem der Ambiguität und Eindeutigkeit kein nur hermeneutisches, sondern auch ein theologisches. Es verbindet sich in der außerkoranischen religiösen Tradition im besonderen mit der Person Marias, bei der Jungfräulichkeit und gleichzeitige Mutterschaft „uneindeutig", wenn nicht sogar Zweifel auslösend sind. Liest man den vieldiskutierten Vers 3:7 nicht isoliert von der Stoßrichtung der Sure, so hat man ihn mit beiden Autoritätsquellen zu verbinden: der – auf längst etablierter exegetischer Praxis basierenden – Autorität der Juden zum einen und der neuen christlichen Autorität, die sich auf die – vom Verhalten ihrer Stifterfiguren nahegelegte – Erweichung der Eindeutigkeitsfiktion gründet, zum anderen. An diesem Punkt legt sich ein Seitenblick auf einen zentralen liturgischen Text der ostkirchlichen Tradition, der ins 6. Jahrhundert datiert werden kann, nahe: den Akathistos Hymnos[130], einen Hymnus auf die Jungfrau Maria. Maria selbst erweist sich hier als Objekt gegensätzlicher Wahrnehmungen. Sie gilt den Gläubigen als „eindeutiges", *anamphibolon*, Glaubenssymbol, den Ungläubigen dagegen als „mehrdeutig", *amphibolon*, als Auslöser von Irritation.

> Khaire ton apiston amphibolon akousma, khaire to piston anamphibolon kauchema.
> Sei gegrüßt, verwirrend-mehrdeutige Kunde für die Ungläubigen, sei gegrüßt, eindeutiger Stolz der Gläubigen!

In diesem Text ist es nicht die „Mutter der Schrift", sondern die „Mutter des Wortes", die als ein eindeutiger Gegenstand des Glaubens gepriesen wird. Ambiguität ergibt sich dennoch auch hier – wiederum folgenreich nur für die Ungläubigen.

Ohne aufgrund so isolierter Zeugnisse eine direkte Verbindung zwischen individuellen Traditionen herstellen zu wollen, lohnt es sich, diese Spur weiter zu verfolgen. Dazu sei ein Interpretationsvorschlag von Nasr Hamid Abu Zaid[131] aufgegriffen, der ein alternatives Szenario

---

130 Vgl. dazu Leena M. Peltomaa, The Image of the Virgin Mary in the Akathistos Hymn, Leiden 2001.
131 Der Vorschlag wurde von Nasr Hamid Abu Zaid in eine mündliche Diskussion eingebracht, die sich an eine Sitzung der 2007 in Istanbul abgehal-

zu der sich zunächst nahelegenden Ableitung des Ambiguitäts-Diskurses aus Debatten mit medinischen Juden entwirft. Abu Zaid nimmt an, dass der Kern der Ambiguitäts-Debatte gar nicht in der Problematik der exegetischen Praxis *(taʾwīl)* als solcher liegt, sondern in einer die Gemeinde konfrontierenden theologischen Herausforderung, die als mehrdeutig, als ambivalent *par excellence*, erscheinen musste, nämlich die Christologie. Diese Interpretation ist bestechend, nicht nur angesichts der Zentralität christlicher Traditionen in der Sure, sondern auch aus einer weiteren Überlegung heraus: Sowohl der Prolog als auch der narrative Teil der Sure führen neue Diskurse ein. Der Prolog eröffnet einen rhetorisch-hermeneutischen Diskurs um die Ambiguität von Schrift, der narrative Teil einen genealogischen Diskurs. Der Schlüsselvers Q 3:7 im Besonderen fokussiert Gedanken, die gut zu den rhetorisch und philosophisch aufgeladenen christologischen Debatten passen. Wenn der Korantext auch den auslösenden Gedanken für seine Debatte um die Zulässigkeit der Auslegung von ambivalenten Schriftstellen nicht expliziert, so lässt sich dieser Auslöser doch aus Referenzen im Surentext erschließen. Spuren des christologischen Paradoxes finden sich bereits im Prolog, wo das geschlechtsbestimmte Bild der „Mutter der Schrift", *umm al-kitāb*, aus Q 3:7 präludiert wird von einer Referenz auf Mutterschaft (Q 3:6), die auf die Ambiguität, das *kaifa yashāʾ*, „wie er es will", des noch ungeborenen Kindes abhebt. „Er ist es, der euch formt im Mutterleib, wie er will. Kein Gott außer ihm, er ist der Mächtige, der Weise." Das hier verbildlichte göttlich gewollte Faktum der sich den Menschen bietenden Ambiguität ist nicht allein für die Maria-Geschichte relevant – vor allem Jesu Empfängnis und Geburt ist uneindeutig, gewissermaßen ein Extremfall des „wie er will", *kaifa yashāʾu llāh*, insofern er ohne Mitwirkung eines menschlichen Vaters empfangen wird und seine in der christlichen Theologie statuierte göttlich-menschliche Natur sich jeder Eindeutigkeitserwartung entzieht. Sieht man die im Zentrum der Sure stehenden Geburtsgeschichten im Kontext der von dem Ensemble „Ambiguität-belastete Mutterschaft" (Q 3:6.34–47) und „uneindeutiges Gotteswort" (Q 3:7) geprägten mariologisch/christologischen liturgischen Traditionen, so legt sich die Annahme nahe, dass es die mit der Christologie aufgeworfene

---

tenen Sommerakademie „Beyond the Written Word" des Wissenschaftskollegs zu Berlin anschloss.

Problematik war, die die Thematisierung der Ambiguität der Schriftverse provoziert hat.

Was sich zur gemeindegeschichtlichen Verortung des Prologs und der Erzählung aus Sure 3 mit einiger Wahrscheinlichkeit annehmen lässt, ist, dass in frühmedinischer Zeit ein – später nicht weiter verfolgter – Versuch unternommen wurde, die Autorität der abrahamitischen Tradition, und damit auch ihrer realen schrift- und exegesekundigen Erben, der medinischen Juden, durch die Projektion einer anderen geschichtsmächtigen genealogischen Gruppe, der Christen, zu unterminieren oder doch aufzuwiegen. Bei diesem Nachdenken über Genealogie und Geschicke der christlichen Gründerfamilie dürfte das Uneindeutige, ja Paradoxe an den Schriftberichten ins Auge gestochen haben. Die in Medina neu entdeckte Einsicht, dass die Schrift auch uneindeutige, sich dem unmittelbaren Verständnis entziehende Glaubenswahrheiten enthalten kann, konnte helfen, die Schwierigkeiten mit der Christologie begrifflich aufzufangen. Das christologische Paradox, das „den Juden Anstoß und den Griechen Torheit" ist (1 Kor 1,18), wird damit keineswegs unter die koranischen Glaubenswahrheiten aufgenommen, es scheint aber für eine Zeit zumindest in den Horizont der Gemeinde getreten zu sein.

Dieser Eintritt in einen mit den älteren Erben der Schrift geteilten Denkraum, in dem verschiedene Schriftdeutungen nebeneinander stehen können, ist die Voraussetzung für eine Reihe von Schritten hin zur Konstruktion einer eigenen Identität. Bereits die Übernahme der mosaischen Autorität durch den Propheten, die sich in den Zusätzen zur Perikope um das Goldene Kalb manifestierte, zeigte dieses ehrgeizige Projekt der neuen kollektiven Selbstkonstruktion an. Mit der Verdrängung der Israeliten vom Rang der einzig maßgeblichen Religionsgründerfamilie und ihrer Flankierung durch die „Amramiden", durch die Heilige Familie, war ein weiterer Schritt getan. Was folgt, ist die Verlagerung der *topographia sacra* von Jerusalem nach Mekka, die zugleich die Voraussetzung ist für die Konstruktion von Mekka als dem Ort, an dem sich Heilsgeschichte bündelt, an dem gewissermaßen die Urtradition des Monotheismus zuhause ist. Wenden wir uns zunächst der Verlagerung der *topographia sacra* zu.

7. Die Konstruktion einer neuen Identität: Erstes islamisches *nation building*

7.1 Die Inversion des Exils: Von Jerusalem zurück nach Mekka

Eine sowohl rituell als auch religionspolitisch einschneidende Neuerung nach der Hijra ist in der Änderung der Gebetsrichtung von Jerusalem nach Mekka zu sehen. Diese Reform signalisiert einen von mehreren religionspolitischen Loyalitätswechseln, die die Gemeinde in Medina vollzog. Die häufig wiederholte Erklärung der Maßnahme als eine Konsequenz des sogenannten Bruches mit den Juden[132] wird durch koranische Texte nicht gestützt[133]. Man hat generell zu bedenken, dass die Wendung im Gebet in eine nicht einfach kosmisch nahegelegte Richtung, wie in der außer-jüdischen monotheistischen Praxis nach Osten, sondern hin zu einem historisch besetzten Raum eine tiefe Anhänglichkeit diesem Raum gegenüber ausdrückt, bei der man – wenn dieser Ort wie bei den babylonischen Juden oder den Gläubigen in Medina die einstige Heimat der Kultteilnehmer gewesen ist – von einer Exilsehnsucht sprechen kann. Allein von einer politischen Opportunität auszugehen, würde der Situation nicht gerecht. Tilman Nagel hat überzeugend argumentiert, dass die Auswanderung des Verkünders und seiner Anhänger ohne Absicherung, also nicht aufgrund von vorher getroffenen Abmachungen erfolgte und faktisch einer Flucht gleichkam, die nur dank bestehender Verwandtschaftsverhältnisse in die überlebensnotwendige *jiwār*-Struktur, die Einbindung in ein Schutzverhältnis, einmündete[134].

Man hat sich die Übersiedlung von Mekka nach Medina also nicht als eine zeitweilig in Kauf zu nehmende Option vorzustellen, sondern als ein in seiner Dauer nicht absehbares Exil[135], das hohe Ansprüche an die Auswanderer stellte. Dass die Gemeinde schon etwa ein Jahr nach der Hijra mit den Mekkanern einen militärischen Konflikt riskierte,

---

132 William M. Watt, Muhammad at Medina, Oxford 1956.
133 Vgl. Fazlur Rahman, Major Themes of the Qur'ān, Minneapolis 1980, 132–149.
134 Vgl. Nagel, Medinensische Einschübe (wie Anm. 114), 128–137, ähnlich auch Ludwig Ammann, Die Geburt des Islam. Historische Innovation durch Offenbarung, Göttingen 2001, 51–53.
135 Vgl. Cragg, The Event of the Qur'ān (wie Anm. 49), 129, sowie Fred Donner, The Historical Context, in: The Cambridge Companion to the Qur'ān, hg. v. Jane Dammen McAuliffe, 2006, 23–40.

war nur möglich, weil die nun exklusive Bindung der Gläubigen an die neu gebildete Emigranten-Gemeinschaft, rigoroser als die in Mekka eingeforderte Loyalität, sie zu extremen Leistungen verpflichtete – was sich in der stereotypen Formel für die Emigranten als *alladhīna hājarū wa-jāhadū*, „diejenigen, die ausgewandert sind und sich mühen" (Q 2:218; 8:72.74 f.; 16:110), oft erweitert durch das eindeutige *fī sabīli llāh*, „auf dem Wege Gottes", d. h. im Kampf (z. B. Q 22:58) dokumentiert. Mekka erhält aus dieser Exilsperspektive einen neuen Stellenwert, wird zum Streitobjekt, zum Ort, aus dem die Gläubigen unrechtmäßig vertrieben worden sind, dessen dabei maßgeblich gewesene Elite also zu bekämpfen ist (Q 22:39 f.):

> Denjenigen, die kämpfen, weil ihnen Unrecht widerfuhr, ist der Kampf erlaubt. Gott ist imstande, sie zu unterstützen. Sie, die ohne Recht aus ihren Wohnstätten vertrieben wurden, nur weil sie sagten: ‚Unser Herr ist Gott […]'.

Wenn auch das Moment des emotionalen Verlustes selbst nicht thematisiert wird, so ist die soziale wie auch mentale Exilsituation doch unverkennbar: Mekka ist das Zentrum der kollektiven Erinnerung. Es verwundert deswegen nicht, dass – der Tradition nach – bald nach der Schlacht von Badr, also im Jahr 2 nach der Hijra, eine Änderung der Gebetsrichtung hin nach Mekka verkündet wird. Diese lehnt sich an einen biblischen Stiftungstext einer Gebetsrichtung an, der ebenfalls einer Exilsituation entstammt: 1 Kön 8,23–53 (Abb. 12 und 13).

Nun ist die Gebetsrichtung nach Mekka nicht die erste, die die koranische Gemeinde einnimmt. Bereits in Mekka hatte die Gemeinde eine historisch determinierte Gebetsrichtung eingenommen, die nach Jerusalem. Die Ausrichtung nach Jerusalem – statt der vorher üblichen natürlichen Orientierung nach Osten – war dabei nur ein einzelnes, dafür aber symbolisch ausdrucksvolles Indiz für einen tiefgreifenden Wandel gewesen, der sich in der mittelmekkanischen Zeit in der frühen Gemeinde vollzog. Wenn bereits die alte *qibla* nach Jerusalem der Drehpunkt für das sich während der mekkanischen Zeit intensivierende Bestreben war, das Heilige Land als *topographia sacra* in die neue Gedankenwelt zu integrieren, so ist auch die in Medina vollzogene Änderung der Gebetsrichtung keine rituelle Bagatelle, sondern ein wichtiges Signal einer Neuorientierung. Sie zeigt, dass Mekka – wie früher das real weit außerhalb der eigenen Reichweite gelegene Jerusa-

Abb. 12
Historische Ansicht von Mekka mit Großer Moschee und Kaaba (1888)

lem – zu einem Ort der Exilsehnsucht geworden ist. Es lohnt sich, diesen Akt der Revision des einstigen großen Identitätssymbols, der erst ermöglichte, die Umgebung von Mekka als ein neues „Heiliges Land" wahrzunehmen und zentrale Prärogativen Jerusalems auf Mekka zu übertragen, genauer anzusehen[136].

Die Neuordnung des Kultus wird ins Jahr 2 nach der Hijra, d. h. nach der für die medinische Gemeinde gerade bestandenen Zerreißprobe der Schlacht von Badr, datiert. Eine Rückbesinnung auf die eigenen Ursprünge war – nicht anders als Jahrhunderte früher bei der jüdischen Exilgemeinde in Babylonien – wichtiger Teil der Selbstbehauptung der Exilanten. Wie in dem Salomo in den Mund gelegten Tempelweihegebet (1 Kön 8,23–53) will auch der für die Reform der Gebetsrichtung einschlägige Korantext die neue *qibla* zu einer Exilsgebetsrichtung machen, Q 2:142–145:

---

136 Vgl. Neuwirth, The Spiritual Meaning of Jerusalem in Islam (wie Anm. 100), 93–116 und 483–495.

Die Toren unter den Menschen werden sprechen:
‚Was hat sie nur abgebracht von ihrer Gebetsrichtung, die sie bisher einnahmen?'
Sprich: ‚Gottes ist der Osten und der Westen!
Er leitet wen er will auf einen rechten Weg!'
Wir haben euch zu einer Gemeinde der Mitte gemacht,
damit ihr Zeugen über die Menschen seid und der Gesandte über euch Zeuge.
Eure frühere Gebetsrichtung setzten wir ein,
nur um zu erkennen, wer dem Gesandten folgen und wer auf den Fersen umkehren würde;
mag es schwer sein – so doch nicht für die, die Gott leitet.
Gott lässt euren Glauben nicht verloren gehen
Er ist gütig und barmherzig.
Wir sehen dich unschlüssig das Angesicht wenden am Himmel.
So wollen wir dich zu einer Richtung leiten, die dich zufrieden macht.
So wende dein Angesicht hin zur heiligen Anbetungsstätte,
und wo immer ihr seid, wendet euer Angesicht zu ihr!
Die die Schrift erhalten haben, wissen, dass es die Wahrheit ist von ihrem Herrn.
Gott lässt nicht unbeachtet, was sie tun.
Wenn du denen, die die Schrift erhalten haben, alle möglichen Zeichen brächtest,
sie schlössen sich deiner Gebetsrichtung nicht an, wie du auch ihrer nicht folgst.
Sie folgen nicht einmal untereinander der gleichen Gebetsrichtung.
Wenn du, nachdem das Wissen dir gekommen ist, ihren Neigungen folgen wolltest,
wärest du einer der Frevler.

Das „spirituelle Exil", aus dem heraus sich die mekkanische Gemeinde nach Jerusalem, dem Kristallisationspunkt für die Gebete der Exilierten, gewandt hatte, hat nun einem realen Exil, dem Bewusstsein, aus Mekka mit seinem Kultzentrum ausgeschlossen zu sein, Platz gemacht. Die Reminiszenz der salomonischen Begründung der neuen Gebetsrichtung in Q 2:145, „wo immer ihr seid", gibt diesem Exilcharakter Ausdruck. Die Einrichtung der Gebetsrichtung nach Mekka stieß, wie der Text zeigt, offenbar auf Opposition. Die Aufgabe der lange praktizierten Jerusalem-Orientierung wurde als schwerwiegender Eingriff empfunden (Vers 143), der auch eine Kontroverse mit den Juden auslöste. Der Schritt wird mit einer Verunsicherung des Propheten selbst

Koranforschung – eine politische Philologie?

Abb. 13
Mekka als Mittelpunkt der Welt, Karte aus dem anonymen Werk
„Geschichte Westindiens" (Osman.: Tarih-i Hind-i Gharbi), Türkei 1650
Leiden, University Library, Or. 12.365

in Verbindung gebracht, der offenbar eine neue Rangverteilung schon erwogen hatte[137]. Die Änderung ist also weniger als Geste der Abwendung von den Juden zu verstehen, denen das Festhalten an ihrer Gebetsrichtung (Q 2:145) konzediert wird, als im Sinne der neuen Implementierung eines schon biblisch etablierten Modells der Exilbewältigung[138]. Allerdings wird eine Polarisierung derer „denen die Schrift gegeben wurde", die durch den Schritt offenbar irritiert sind, in Kauf genommen.

Mekka zieht auch im Folgenden weitere Auszeichnungen Jerusalems auf sich. Denn wie es in Jes 2,3 von Jerusalem heißt, von dort werde die göttliche Lehre ausgehen („Denn von Zion soll ausgehen die Lehre [*torah*] und das Wort des Herrn von Jerusalem"), so gilt nun – laut einer aus etwa der gleichen frühmedinischen Zeit stammenden, Abraham in den Mund gelegten Prophezeiung – auch Mekka als Herkunftsort von Schrift und Weisheit, Q 2:127–129:

> Als Abraham die Grundmauern des Hauses aufrichtete, sprachen er und Ismael: „Unser Herr nimm [unser Gebet?, unser Opfer?] von uns an!"
> Unser Herr, gib, dass wir dir ergeben (*muslimūna*) sind,
> und mache aus unseren Nachkommen eine dir ergebene Gemeinde (*ummatan muslimatan*).
> Weise uns in unsere Riten ein und wende dich uns zu!
> Du bist der, der sich zukehrt, der Barmherzige.
> Unser Herr, lass unter ihnen einen Gesandten aus ihrer Mitte auftreten,
> der ihnen deine Zeichen [Verse] vorträgt
> und sie die Schrift und die Weisheit lehrt und sie läutert.
> Du bist der Mächtige, der Weise.

Mit der koranischen Verkündigung ist diese Prophezeiung bereits eingetroffen, noch mehr: Indem Abraham die Riten von Mekka gestiftet hat und auch deren Vervollkommnung durch Wortgottesdienst, wie ihn der Verkünder bringt, bereits im Gebet erfleht hat, fällt Mekka die

---

137 Vgl. Friedman, Tolerance and Coercion in Islam (wie Anm. 106), 31.
138 Rahman, Major Themes (wie Anm. 133), 132–149. Nagels Deutung der Änderung der Gebetsrichtung nach Mekka, Medinensische Einschübe (wie Anm. 114), 144–148, geht nicht auf die theologische Dimension der abrogierten Gebetsrichtung ein, noch berücksichtigt sie den Exil-Aspekt, geschweige denn die Beziehung zu dem mit Mekka konstruierten „Neuen Jerusalem".

Anciennität zu. Nicht etwa die neueste Stiftung, sondern das älteste Heiligtum zu sein zählt. Diesen Rang kann nun Mekka gegenüber dem erst von Salomo mit einem Tempel ausgestatteten Jerusalem beanspruchen, Q 3:96:

> Das erste Gotteshaus, das den Menschen errichtet wurde, ist das in Bakka [=Mekka]
> als Segen und Rechtleitung für alle Welt.

7.2 Von Mose zu Abraham: Genealogische oder transzendente Bindung?

Abraham[139], der am Ende der koranischen Entwicklung als Stifter des dem Islam zugrundeliegenden „Urmonotheismus" den ersten Rang unter den Propheten einnimmt, begleitet die koranische Verkündigung von Anfang an. Seine Geschichte ist den Hörern offenbar bekannt, denn er begegnet als bloßer Name (Q 87:19), noch bevor von ihm berichtet wird. Er ist schon früh mit dem Charaktermerkmal verbunden, das ihm bereits biblisch (Neh 9,7 f.) anhaftet: Treue, Q 53:37 wa-Ibrāhīma lladhī waffā, „und Abraham, der Treue bewahrte". Er wird zum Protagonisten einer typologisch diversifizierten Geschichte, die auf Korantexte von der frühesten Zeit bis hin zum Ende der Verkündigung verteilt ist.

Abrahams erstes Verdienst ist nicht wie in Gen 12,1–5 der Entschluss, sich von seinem Vaterhaus und seiner Heimat loszusagen und dem Ruf Gottes „Zieh fort" (Gen 12,1) zu folgen, vielmehr hat er im Koran ein Vorleben in seiner Urheimat. Dort tritt er – wie schon im Jubiläenbuch[140] bezeugt – dem Götzendienst entgegen, indem er die Idole seines Vaters, dann auch die öffentlich aufgestellten Götzen angreift (mittelmekkanisch: Q 37:93–99; 19:41–50; 21:57 f.; 26:16–27; spätmekkanisch: Q 6:74–84), aber auch wie im Midrasch[141] ihre Nichtigkeit rational zu demonstrieren versucht. Die darüber berichtende, aus der Bibel nicht bekannte, sondern erst aus der rabbinischen Tradition ver-

---

139 Vgl. zu seiner koranischen Karriere in den mekkanischen Suren jetzt Nicolai Sinai, Fortschreibung und Auslegung. Studien zur frühen Koraninterpretation, Wiesbaden 2009, 97–152.
140 Speyer, Die biblischen Erzählungen im Qoran (wie Anm. 48), 131.
141 Gen. Rab. 38,19, zitiert bei Speyer, Die biblischen Erzählungen im Qoran (wie Anm. 48), 135 f.

traute Erzählung, die für das koranische Abrahambild noch weit prägender ist als das Opfer, fokussiert Abraham als diejenige biblische Figur, die – wie der Prophet Muhammad selbst – der Alleinverehrung Gottes in einer paganen Umwelt erst zum Durchbruch verhilft. Abraham ist eine Figur, die erfolgreich einen sozialen Paradigmenwechsel einleitet: den Wechsel von einer genealogischen Bindung des einzelnen an Clan und Familie hin zu einer *transzendenten Bindung*, einer Bindung an Gott[142]. Es ist dieser Übergang, den die Gemeinde Muhammads in Mekka ihrerseits zu vollziehen hatte, denn die Gegnerschaft zwischen Paganen und Monotheisten innerhalb der Stadtgesellschaft forderte von jedem einzelnen eine Entscheidung zwischen Herkunft und neuer Religion.

Erst sein zweites großes Verdienst ist die Bereitschaft zur Opferung des Sohnes. Die kurze Perikope, die in Q 37 direkt an die Geschichte von der Götzenzerstörung (Verse 84–98) anschließt, war zunächst – ohne den überlangen Zusatz-Vers 102 – nach dem Muster des biblischen Berichts erzählt worden (Verse 99–109): Abraham verlässt seinen Vater und wandert im Vertrauen auf göttliche Leitung aus. Sein Gebet um einen Sohn wird erhört (Vers 101). Wie im biblischen Text wird er zur Opferung seines Sohnes aufgefordert, das Opfer aber durch göttliche Intervention schließlich vereitelt. Doch hat Abraham auch so bereits eine schwere Prüfung (Vers 106, vgl. Gen 22,1) bestanden. Dem biblischen Text zufolge wird seine Bereitschaft zur äußersten Hingabe an Gott belohnt mit der Privilegierung seiner Nachkommen, die fortan durch die „Verdienste ihrer Väter" gerechtfertigt sein sollen[143]. Im koranischen Text dagegen wird Abraham mit einem ehrenden Segensspruch belohnt: Sein Name soll für die neue Gemeinde fortan mit der Formel: „der Segen über ihm", *ʿalayhi al-salām*, verbunden werden.

99 Abraham sprach: Ich gehe hin zu meinem Herrn, Er wird mich leiten.
100 Herr, schenk mir einen von den Frommen!
101 Da kündigten wir ihm einen sanften Knaben an.

---

142 Sinai, Fortschreibung und Auslegung (wie Anm. 139), 97–152, sowie Neuwirth, Der Koran als Text der Spätantike (wie Anm. 2), 633–652.
143 Vgl. Erik Aurelius, Durch den Glauben gehorsam – durch Werke gerecht, in: Abraham, unser Vater. Die gemeinsamen Wurzeln von Judentum, Christentum und Islam, hg. v. Reinhard G. Kratz und Tilman Nagel, Göttingen 2003, 98–111.

102 Als der mit ihm das Alter erreicht hatte, den Lauf zu vollziehen[144], sprach er: Mein Sohn, ich sah im Traum, dass ich dich opfern soll. So sieh, was du dazu meinst.
Er sprach: Mein Vater, tu was dir befohlen wird, du wirst mich, so Gott will, geduldig finden.
103 Als sich die beiden in ihr Geschick ergeben, und er ihn auf die Stirn geworfen hatte,
104 da riefen wir ihn an: Abraham,
105 du hast den Traum erfüllt. So lohnen wir denen, die Gutes tun!
106 Dies ist eine deutliche Prüfung.
107 Durch ein gewaltiges Schlachtopfertier schafften wir Ersatz für ihn,
108 und wir ließen für die Späteren den Spruch zurück:
109 „Segen sei über Abraham!"

Man kann hier nicht eigentlich von einer Opfergeschichte sprechen. Die Struktur des Berichts zeigt, dass er zunächst nach dem biblischen Modell, indem Abraham allein initiativ ist, erzählt wurde, und erst später – der Zusatz ist erkennbar an dem überlangen Prosavers 102 inmitten von kurzen Poesie-Versen – erweitert wurde. Vielleicht geschah dies in Medina, herausgefordert durch die traditionelle Lesart des Textes bei den Juden, die ebenfalls eine ausdrückliche Zustimmungserklärung des Sohnes kennt[145]. Die „revidierte" koranische Lesart lässt nun wie schon die spätantike jüdische Version die Monstrosität eines eigenmächtigen Sohnesopfers nicht mehr zu: Auch hier wird aus der eigenmächtigen und selbstzerstörenden Handlung ein gemeinschaftlicher Gehorsamsakt von Vater *und* Sohn[146]. Dem unausweichlichen Leiden wird zudem seitens des Sohnes mit „Geduld", mit Ausdauer, begegnet, einer Tugend, die eine überhöhende Deutung des Leidens als solchem von vornherein ausschließt. Menschliches Leiden ist im Koran göttliche Prüfung, die es mit Ausdauer und *emotionslos*, also weder trauernd noch triumphal, zu bestehen gilt. Jeder möglichen Deutung der Geschichte im Sinne einer Präfiguration des Christus-Opfers ist somit der Riegel vorgeschoben. Die koranische Opfergeschichte, die in die mekkanische Wirkungszeit des Propheten datiert, hat also ebenso wie

---

144 Das arabische *al-saʿy*, „das Laufen" ist am ehesten als Verweis auf den zur Mekka-Wallfahrt, *ḥajj*, gehörenden Ritus des Laufs zwischen den Stationen *al-ṣafā* und *al-marwa* zu deuten.
145 Neuwirth, Der Koran als Text der Spätantike (wie Anm. 2), 310–313.
146 Vgl. Kugel, The Bible as it Was (wie Anm. 80), 177.

die midraschische Version zunächst vor allem erbaulichen Wert. Dass sie wenige Jahre später, während Muhammads Wirkungszeit in Medina, eine zentrale religionspolitische Bedeutung erhalten wird, zeichnet sich zunächst noch nicht ab.

Das mit dem Sohn gemeinsam errichtete Heiligtum: Ismael statt Isaak
In Medina wird die Geschichte gänzlich neu gelesen. In Medina stehen der Verkünder und seine Hörerschaft nicht mehr allein in einer paganen Umwelt, vielmehr sind sie jetzt mit einer jüdischen Gemeinde wie auch gebildeten Christen konfrontiert, die das bis dahin als *universales* Bildungsgut erachtete biblische Erbe als *ihr* Erbe für sich beanspruchen. Es ist in diesem Zusammenhang, dass die Opferungsszene – für das Judentum die Begründung der privilegierten Stellung der eigenen Religion – auch für die koranische Gemeinde neue Signifikanz gewinnt. Sie wird nun zu einer für die sich entwickelnde islamische Religion zentral wichtigen Begebenheit aufgewertet.

Dazu als Hintergrund: Dem Koran zufolge spielt sich das Abrahamsopfer nicht im Heiligen Land, sondern in der Umgebung von Mekka ab[147]; denn die lokale Tradition hatte Abraham schon vor dem Auftreten Muhammads mit der arabischen Halbinsel und konkret mit dem mekkanischen Heiligtum verbunden[148]. Es ist also kein Wunder, dass seine – in der jüdischen Tradition als einzigartiger Treuebeweis gefeierte – Opferbereitschaft, die den Grundstein für die religiöse Vorzugsstellung der Juden vor anderen Menschen gelegt hatte und die für die Christen die Passion präfigurierte, auch von der koranischen Gemeinde für ihre Geschichte reklamiert wird. Und zwar wird sie mit einem zentralen lokalen religiösen Symbol, mit der Opferhandlung bei der Wallfahrt, verbunden. Die uralten, von Muhammad vorgefundenen Kulthandlungen der Wallfahrt, die in einem kollektiven Opfer kulminieren, wurden während seiner Wirkungszeit in Medina durch koranische Gesetze als Religionspflichten in die neue Religion integriert. Sie erhalten dabei jedoch eine neue Sinngebung. Abraham selbst gilt nun als Stifter der Wallfahrtsriten, der mit seinem als Ersatz für das Sohnesopfer dargebrachten Tieropfer das Vorbild für die vorgeschrie-

---

147 Vgl. Reuven Firestone, Art. Abraham, in: Encyclopaedia of the Qur'ān (wie Anm. 7), Bd. 1, 5–11.
148 Vgl. Tilman Nagel, Der erste Muslim. Abraham in Mekka, in: Abraham, unser Vater (wie Anm. 143), 133–149.

bene Opferhandlung der Gläubigen liefert. Das Opfer erhält also den Rang einer abrahamitischen Stiftung. Die Kultteilnehmer vollziehen eine *Imitatio* Abrahams – eine unschätzbare religiöse Aufwertung des paganen Opfers, das zugleich eine neue Selbst-Imagination ermöglicht.

Ein scheinbar ganz unverbundener Koranvers scheint hier den Schlüssel zum Verständnis zu liefern, indem er – nach der plausibelsten Lesung – die Gründung der Kaaba in den Zusammenhang des Abraham-Opfers stellt (Q 2:127–129):

> Als Abraham die Grundmauern des Hauses aufrichtete, sprachen er und Ismael:
> „Unser Herr nimm [unser Gebet?, unser Opfer?] von uns an!" Du bist der Hörende, der Sehende.
> Unser Herr, gib, dass wir dir ergeben sind
> und mache aus unseren Nachkommen eine dir ergebene Gemeinde *(ummatan muslimatan).*
> Weise uns in unsere Riten ein und wende dich uns zu!
> Du bist der, der sich zukehrt, der Barmherzige.
> Unser Herr, lass unter ihnen einen Gesandten aus ihrer Mitte auftreten,
> der ihnen deine Zeichen [Verse] vorträgt
> und sie die Schrift und die Weisheit lehrt und sie läutert.
> Du bist der Mächtige, der Weise.

Weder die Begebenheit der Errichtung der Kaaba durch Abraham und Ismael noch ihr Gebet sind biblisch begründet. Und doch sind sie keineswegs, wie in der Forschung lange vorausgesetzt wurde, eine koranische Konstruktion, sondern – wie Josef Witztum überzeugend gezeigt hat – eine koranische Reinszenierung der vielschichtigen spätantiken Versionen der Vita Abrahams[149]. Dazu kontextualisiert Witztum die Bauaktivität der beiden Patriarchen (Vers 127) mit älteren Traditionen. Während es im Koran um den Bau eines Heiligtums geht, steht in den Vorgängertraditionen stets ein Altar zur Debatte: Bereits Josephus lässt Isaak am Bau des Altars beteiligt sein, auf dem er geopfert werden soll. Doch steht die Beteiligung des Sohnes an gerade diesem Bau noch stärker im Mittelpunkt christlicher Traditionen, wie verschiedene syrische und griechische Homilien aus dem 4. und 5. Jahrhundert zeigen, die die Begebenheit christologisch interpretieren: Vater und Sohn, die

---

[149] Vgl. Witztum, The Foundations of the House (Q 2:127), Bulletin of the School of Oriental and African Studies 72 (2009), 25–40.

"weisen Architekten des Glaubens", bauen gemeinsam den Altar, auf dem das erlösende Sohnesopfer dargebracht werden soll.

Im koranischen Text steht der Altargedanke ganz außerhalb des Horizonts, hier geht es um keinen Altar, sondern um den Bau eines konkreten Heiligtums, an dem nicht einmal Opfer dargebracht werden, sondern das vielmehr über bloß rituelle Zeremonien hinaus dem Wortgottesdienst dienen soll. Dennoch geht es um Analoges: die Ätiologie einer Heiligtumsgründung, die auf dem Abraham-Opfer basiert.

Nimmt man die Strukturähnlichkeiten der drei in der Spätantike diskutierten Vater-Sohn-Synergien bei der Errichtung des jeweiligen Zentralheiligtums der drei Religionen in den Blick, so ist Ismael an der mekkanischen Kaabagründung beteiligt, wie Isaak an der Gründung der Jerusalemer Opferstätte von Moria beteiligt ist, die später Grundlage des jüdischen Tempels wurde, oder wie, den allegorisierenden christlichen Homilien zufolge, Christus an der Gründung der Opferstätte von Golgatha beteiligt war. Der Vergleich darf allerdings nicht überspannt werden: Im Koran fehlt dieser Vater-Sohn-Synergie die entscheidende mythische Dimension, die sich in den beiden anderen Religionen dem theologisch schwerwiegenden Opfergedanken verdankt.

Die sich hier abzeichnende Innovation, die Errichtung der Kaaba durch Abraham und Ismael, ihr gemeinsames Gebet um die sakrale Integrität der Kaaba, hat weitere Implikationen. Sie ist eine Station auf dem Weg der Überlagerung des vorher für die Gemeinde zentralen Jerusalem durch Mekka. Der Vers über das Kommen eines Schriftpropheten kann nur als Zeugnis für den sich sukzessiv herausbildenden Kultus unter Vorrangstellung Mekkas vor Jerusalem gelesen werden. In Abrahams Gebet wird das wichtige Vorrecht Jerusalems, Ursprungsort der Schrift und des Wortgottesdienstes zu sein, auf Mekka übertragen. Was in Jes 2,3 für Jerusalem gilt – „Denn von Zion wird ausgehen Lehre und das Wort Gottes von Jerusalem" – soll nun auch für Mekka zutreffen, wo mit Muhammads Auftreten der von Abraham erflehte Verkünder von Schrift und Gotteswort nun wirklich gekommen ist. Mekka ist also das „erste Gotteshaus" – wie es in Q 3:96 heißt, d. h. das gegenüber Jerusalem ältere Heiligtum, offenbar weil es bereits auf Abraham zurückgeht. Man könnte auch formulieren: Mekka ist das ursprüngliche Jerusalem. An dieser Biblisierung Mekkas, seines

Kultus und seiner Geschichte, ist keine Figur so substanziell beteiligt wie Abraham.

Dieser neue Rang verbindet sich nun noch enger mit Abraham, seit dieser als Stifter der mekkanischen Riten erkannt ist, die im Vollzug des Opferritus in Mina gipfeln. Er ist es, der erstmals zur Wallfahrt, dem *ḥajj*, aufruft, Q 22:26 f.[150]:

> Als wir Abraham die Stätte des Hauses als Heimstatt anwiesen:
> ‚Du sollst mir nichts beigesellen!'
> Reinige mein Haus für diejenigen, die es umschreiten,
> die stehen, die sich verneigen und sich niederwerfen!
> Rufe unter den Menschen zur Wallfahrt auf, dass sie zu dir kommen
> zu Fuß
> oder auf allerlei hageren Kamelen reitend,
> die aus lauter tief eingeschnittenen Passwegen hervorkommen.

Abrahams Funktion als Kultstifter kann in ihrer Bedeutung kaum überschätzt werden. Bereits der in den mittelmekkanischen Text Q 37 nachträglich eingesetzte Vers 102 bereitete mit seiner Kontextualisierung des Opfergeschehens mit dem – als bereits üblich vorausgesetzten – altarabischen *ḥajj*-Ritus des Laufs, *saʿy*, die Verbindung Abrahams mit der Pilgerfahrt vor. Die in Medina (Q 22:26 f.) explizit gemachte Beauftragung Abrahams mit dem Aufruf zur Pilgerfahrt legt die Basis für die bereits im Frühislam erkennbare Umdeutung der Pilgerfahrt als ganzer zu einer *Imitatio* Abrahams. Die Pilger vollziehen, dem Beispiel Abrahams folgend, dessen (intendierte) Opferhandlung nach. Das Abrahamsopfer, das ja das islamische Festopfer, *aḍḥā*, die für jeden Mekkapilger obligate Schlachtung eines Opfertieres, gewissermaßen präfiguriert, ist ein allgegenwärtiger Gegenstand volkstümlicher bildlicher Darstellungen geworden. Dass es kein Opfer im biblisch etablierten Sinne als stellvertretender und schuldtilgender Sühneakt ist[151], schmälert seine Bedeutung für die muslimische Frömmigkeit nicht.

„Vorbild für die Menschen", nicht „Vater von Völkern"
Abrahams Bande zur jüdischen Tradition waren mit seiner bloßen Verbindung zu Mekka und zu den *ḥajj*-Riten jedoch noch nicht ge-

---

150 Vgl. dazu Sinai, Fortschreibung und Auslegung (wie Anm. 139), 144.
151 Zu den Stationen der Gemeindebildung in Medina vgl. Neuwirth, Der Koran als Text der Spätantike (wie Anm. 2), 510–560.

kappt. Die neue Identitätskonstruktion der Gläubigen als Abrahamsgemeinde, *millat Ibrāhīm*, vollzog sich vielmehr stufenweise. Religionspolitisch tritt die Bedeutung Abrahams zum ersten Mal mit seinem Gebet für Mekka, mitgeteilt in einer – chronologisch unsicheren, wohl frühmedinischen – Sure (Q 14:35–41), in den Blick. Abraham hat seine Nachkommen in Mekka – indirekt ausgedrückt: „in einem Tal ohne Pflanzenwuchs" – angesiedelt und betet für ihre Erhaltung und religiöse Rechtleitung. Obwohl das Gebet Abrahams wichtigste Aktivitäten aus ihrem biblisch bezeugten Milieu, dem Heiligen Land, in die arabische Halbinsel transferiert, obwohl es auch den in der jüdischen Tradition marginalisierten Sohn Ismael einbezieht, zeigt der Text doch noch keine polemische Tendenz gegen die Erben und Vertreter der älteren Traditionen. Mit Tilman Nagel[152] ist davon auszugehen, dass Abrahamtraditionen, die ihn mit Mekka und dem mekkanischen Heiligtum verbinden, auf der Halbinsel bereits vor dem Islam verbreitet waren. Biblische Geschichte war demnach zur Zeit der Entstehung der Korantexte bereits in die lokalen Überlieferungen integriert. Der koranische Rückgriff auf diese Traditionen dokumentiert eine neue Rückbesinnung der Gemeinde auf die eigene Lokaltradition, die auch der gegnerischen Unterstellung, man entferne sich von der „Vätertradition", entgegenzuwirken geeignet war.

Deutlich polemische Töne lassen sich erst aus dem zentralen medinischen Abrahamtext (Q 2:124–129) herauslesen, in dem nicht nur die genealogische Abraham-Ismael-Linie in den Vordergrund tritt, sondern auch ein wichtiges an Abraham festgemachtes Privileg seiner Nachkommen über Isaak in Abrede gestellt wird. Damit ist das Herzstück der jüdischen Abrahamsbeziehung getroffen. Der Text setzt ein mit einer Verheißung an Abraham, der in Anerkennung seiner Treue bis hin zur Sohnesopferung eine göttliche Verheißung erfährt. Jedoch soll er nicht wie in Gen 22,18: „durch seine Nachkommen zum Segen für alle Völker der Erde" werden, sondern zu einem Vorbild für sie, *imāman li-l-nāsi*. Dieser Erhebung zum Vorbild für die Menschen insgesamt folgt jedoch sogleich eine göttliche Gunsteinschränkung: die klare Zurückweisung des in der jüdischen Tradition behaupteten Anspruchs auf einen privilegierten Rang, den die Nachkommen Abra-

---

152 Nagel, Der erste Muslim (wie Anm. 148), vgl. jetzt auch Tilman Nagel, Mohammed. Leben und Legende, München 2008, 19–26.

hams – über Isaak – aufgrund der „Würde der Väter", *zekhut avot*[153], kraft ihrer genealogischen Abstammung genießen, Q 2:124:

> Als Abraham von seinem Herrn geprüft wurde durch Worte, die er dann erfüllte.
> Er sprach: ‚Ich will dich zu einem Vorbild für die Menschen machen'.
> Er sprach: Auch Leute von meinen Nachkommen?
> Er sprach: ‚Die Frevler umfasst mein Bund nicht!'

Die in Gen 22,18 auf die göttliche Anerkennung folgende Heilszusage an Abrahams Nachkommen, wird in der koranischen Gottesrede an Abraham (Q 2:124) also negativ gewendet, ein deutlicher Angriff auf eine zentrale jüdische Prärogative.

7.3 Abraham als „Gerechter aus den Völkern": Prototyp des „Propheten aus den Völkern"

Abraham ist aber nicht nur die Figur, die entscheidende Symbole und Glaubensinhalte aus dem Heiligen Land nach Arabien herüberträgt, sondern auch die biblische Gestalt, an der am Ende der koranischen Entwicklung – noch mehr als ihre Vita – ihre einzigartige Position *vor* und damit außerhalb der beiden großen Religionen interessiert. Abraham repräsentiert den vor-mosaischen Frommen, er ist eine universale Gestalt, die hinter Judentum und Christentum zurückreicht. In Q 3:65.67 f. heißt es:

> Ihr Leute der Schrift, was streitet ihr euch über Abraham,
> wo doch Tora und Evangelium erst nach ihm herabgesandt wurden?
> Begreift ihr denn nicht? […]
> Abraham war nicht Jude, noch Christ.

---

153 Diese Auszeichnung der Nachkommen Abrahams geht aus der biblischen Segensverheißung hervor, die im Genesisbericht auf die göttliche Anerkennung von Abrahams Treue folgt, Gen 22,18: „Durch deine Nachkommen sollen alle Völker der Erde gesegnet werden, weil du auf meine Stimme gehört hast". Vgl. dazu Aurelius, Durch den Glauben gehorsam (wie Anm. 143). Die koranische Zurücknahme der *zekhut avot* – die auch von Speyer festgestellt worden ist, vgl. Die biblischen Erzählungen im Qoran (wie Anm. 48), 169 und Sinai, Fortschreibung und Auslegung (wie Anm. 139), 138–151 – ist umso auffälliger, als die unmittelbar vorher erwähnten „Prüfungen" (Q 2:124), die Abraham bestand, in der jüdischen Tradition verstanden werden als die Leistungen, durch die er für seine Nachkommen den privilegierten Status erwirkte, vgl. Pirqe Avot 5:3.

Er war vielmehr ein gottergebener *ḥanīf* [d. h. ein Gottesdiener aus den Völkern].
Er war keiner der Beigeseller.
Die Menschen, die Abraham am nächsten stehen, sind die,
die ihm gefolgt sind und dieser Prophet,
und die, die gläubig sind! Gott ist der Freund der Gläubigen.

Die Qualifikation *ḥanīf*, die mit „Gottesdiener aus den Völkern" paraphrasiert wurde, ist am Ende der koranischen Entwicklung gewissermaßen das Kennzeichen Abrahams. Was heißt *ḥanīf*[154]? Das syrische Wort *ḥanpā*, von dem das arabische *ḥanīf* abgeleitet ist, bedeutet „Heide" bzw. „außerhalb der Religionen stehend". In der vorislamischen Dichtung begegnet *ḥanīf* dagegen zur Bezeichnung eines einsam seinen Gottesdienst praktizierenden Asketen. Nimmt man beides zusammen, so bündeln sich in *ḥanīf* Unabhängigkeit von den großen Religionen und exemplarische Frömmigkeit, beides Charakteristika des koranischen Abraham; man könnte von einem reinen, vorkonfessionellen Monotheisten sprechen. Dieser Sinnzuwachs der Gestalt Abrahams kommt nicht von ungefähr. Er tritt zu einer Zeit ein, in der sich das Bild des Verkünders selbst neu gestaltet. Aus dem Apostel, dem „Gesandten", *rasūl*, ist in Medina längst ein biblischer „Prophet", *nabī*, geworden[155], der sich selbst in der Nachfolge der Propheten von Adam über Noah, Abraham, Mose und Jesus sieht. Und noch mehr: Der Verkünder ist nicht nur ein Prophet aus der biblischen Tradition, sondern gleichzeitig ein Prophet aus einer Gegentradition. Denn er nimmt zu Ende seiner Laufbahn den Titel eines *nabī ummī*, eines „Propheten aus den Völkern", hebräisch *navi me-ummot ha-'olam*, an[156]. *ummī*, ein *calque*, zum einen eine Ableitung aus dem arabischen *umm*, „Mutter", und *umma*, „Gemeinschaft", zum anderen eine Übertragung des hebräischen *ummot ha-'olam*, „Heidenvölker", ist gewissermaßen das Adjektiv zu der fast ausschließlich für Abraham reservierten Qualifikation *ḥanīf*, „reiner Monotheist". Diese Aufwertung der –

---

154 Uri Rubin, Hanifiyya and Ka'ba. An Inquiry into the Arabian Pre-Islamic Background of Dīn Ibrāhīm, JSAI 13 (1990), 85–112.
155 Hartmut Bobzin, „The Seal of the Prophets". Towards an Understanding of Muhammads Prophethood, in: The Qur'ān in Context (wie Anm. 52), 565–581.
156 Siehe zu der Wortentwicklung von *ummī* Horovitz, Koranische Untersuchungen (wie Anm. 77), 52 f., und Josef Horovitz, Jewish Proper Names and Derivates in the Koran, Ohio 1925 (Nachdruck Hildesheim 1964), 46 f.

aus jüdischer Perspektive von den Privilegien des erwählten Volkes ausgeschlossenen – „Völker", d. h. Heiden, kommt bereits bei Paulus zum Ausdruck. Dort wird sie wie im Koran mit Abraham in Verbindung gebracht; in Gal 2,6–10 heißt es:

> Abraham war so: Er hat Gott vertraut, an ihn geglaubt. Und das wurde ihm als Gerechtigkeit gewertet. So genügte er Gottes Ansprüchen. Kinder Abrahams sind also nur diejenigen, die glauben wie er. In der Schrift ist bereits vorgesehen, daß Gott die Heidenvölker als gerecht ansehen wird, wenn sie nur glauben. Denn Abraham wurde es wie ein Evangelium im voraus verkündet: ‚Alle Völker sollen durch dich gesegnet sein.' Das bedeutet: Alle die glauben, werden mit Abraham, der als erster glaubte, gesegnet.[157]

Im Koran erstreckt sich die Aufwertung der „Völker" nun auf die außerhalb des Judentums *und* des Christentums stehenden Verehrer des einen Gottes; aus ihnen ist der Verkünder selbst, *al-nabī al-ummī*, „der Prophet aus den Völkern" hervorgegangen, Q 7:156–158:

> [...] Ich werde meine Barmherzigkeit schreiben für die,
> die gottesfürchtig sind [...]. /
> die dem Gesandten, dem Propheten aus den Völkern [*al-nabī al-ummī*], folgen,
> den sie bei sich in der Tora und im Evangelium verzeichnet finden,
> der ihnen gebietet, was recht ist und verbietet was verwerflich ist,
> und der die guten Dinge für erlaubt, die schlechten für verboten erklärt
> und die drückende Verpflichtung und die Fesseln, die auf ihnen lagen, abnimmt. [...] /
> Sprich: Ihr Menschen, ich bin der Gesandte Gottes [*rasūlu llāh*],
> des Herrschers über Himmel und Erde, an euch alle,
> kein Gott außer ihm.
> Er macht lebendig und lässt sterben.
> Darum glaubt an Gott, seinen Gesandten [*rasūlihi*],
> den Propheten aus den Völkern [*al-nabī al-ummī*],
> der an Gott und seine Worte glaubt, und folgt ihm!

---

157 Das Neue Testament und frühchristliche Schriften. Vollständige Sammlung aller ältesten Schriften des Urchristentums, hg., üs. und komm. v. Klaus Berger und Christiane Nord, Frankfurt/M. 2005, 140.

Mit dem „Propheten aus den Völkern" sind auch die „Gläubigen aus den Völkern" – *al-ummīyūn* – selbst in den Heilsplan einbezogen. Sure 62:1 f. besiegelt diese Entwicklung:

> Es lobt Gott, wer im Himmel und auf Erden ist,
> den König, den Heiligen, den Mächtigen, den Weisen.
> Er ist es, der unter den Völkern [*al-ummīyūn*] einen Gesandten [*rasūl*] auferweckt hat,
> der ihnen seine Verse verliest und sie läutert
> und der sie die Schrift und die Weisheit lehrt,
> obwohl sie vorher auf dem Irrweg waren.

Hier wiederholt sich also noch einmal die bereits von Paulus in Referenz auf Abraham vorgenommene Aufwertung der Herkunft „aus den Völkern". Der Prophet und seine Gemeinde sind nicht einfach „schriftunkundig", wie die Qualifikation *ummī* oft verstanden wird. Dagegen spricht eindeutig seine Berufung, „die Schrift und Weisheit zu lehren". *ummī*, „aus den Völkern", reflektiert vielmehr die einst herabsetzende, nun aber zu einem Ruhmestitel invertierte, Fremdwahrnehmung eines Status außerhalb der anerkannten Religionen.

Abraham, der schon in der paulinischen Konzeption eine Beispielfunktion innehatte, erhält in dem neuen Modell der koranischen Gemeinde eine noch weiterreichende Rolle: Er wird zum Stifter im eigentlichen Sinne für die sich herausbildende neue Religion, die der Verkünder, der „Prophet aus den Völkern", nur vervollkommnet. Abraham – nicht Mose und nicht Jesus – ist deswegen auch die einzige biblische Referenz im täglichen Gebet der Gemeinde, das eine Litanei enthält, die Abraham und Muhammad zusammenschließt:

> Gott, segne Muhammad und das Haus Muhammad,
> wie du Abraham und das Haus Abraham gesegnet hast.
> Und gib Heil Muhammad und dem Haus Muhammad,
> wie du Abraham und dem Haus Abraham Heil gegeben hast.

8. Resümee

Während der Koran als Schrift der Muslime mit keiner anderen Religionsgemeinschaft geteilt wird und auch nur in einer einzigen Form vorliegt, stellt sich bei der Bibel die Frage nach ihrer besonderen Einbettung in die jüdische oder die christliche Tradition. Die anfangs aufgeworfene Frage, welche Bibel denn die Gemeinde des Propheten kennengelernt haben könnte, lässt sich nach unserem Durchgang mit einiger Wahrscheinlichkeit beantworten. Blickt man auf die Korantexte aus den verschiedenen Entstehungsphasen, so zeigen sich verschiedene Gesichter. In den frühen Texten – die laut traditioneller Prophetenvita zwischen 610 und 622 in Mekka entstanden sind – begegnet man zwei Bildern: einerseits einer transzendenten Schrift, bewahrt im Himmel, nicht auf Erden. Die Bibel-Kodizes und Rollen der Christen und Juden sind nicht mit ihr identisch, sondern nur Teil-Niederschriften aus dieser himmlischen Urschrift – wie die koranische Offenbarung selbst eine Mitteilung aus ihr ist. Andrerseits hat die mündliche Tradition in der Spätantike auch auf der Halbinsel für eine irdische Manifestation der Bibel gesorgt und biblische Erzählungen, Parabeln und Hymnen längst zu einem selbstverständlichen Teil der Bildung gemacht; soweit sich diese im Koran reflektieren, sind sie deutlich christlich geprägt, werden aber im Kreise der koranischen Gemeinde bereits während der mekkanischen Verkündigung einer rigorosen Relektüre unterzogen, die neue, zeitgemäße Akzente setzt und vor allem an den christologischen Deutungen theologische „Korrekturen" vornimmt. Die himmlische Urschrift bleibt von all dem unberührt, sie ist universal, ein gemeinsamer Referenztext für alle monotheistischen Gläubigen.

Weder die sublime, transzendent verortete Bibel noch die von der koranischen Gemeinde in Mekka kontinuierlich „revidierte" christliche Bibel wäre aber geeignet gewesen, jenen Denkprozess in Gang zu setzen, der aus dem frommen mekkanischen „Konventikel" innerhalb weniger Jahre Akteure der Weltgeschichte machen sollte. Diese Verwandlung verdankt sich einem neuen geistigen Milieu. Muhammad und seine Gemeinde sollten in Medina – von 622–632 – eine ganz neue Manifestation der Bibel kennenlernen: die Bibel in den Händen ihrer eigentlichen Erben, der Juden. Eine nicht ungelehrte jüdische Gemeinde war in Medina ansässig, auch an sie richtete sich anfänglich Muhammads Botschaft, zwar mit geringem Missionserfolg, dafür aber mit erheblichem hermeneutischen Zugewinn. Man entdeckt nun die vorher strikt ausgeschlossene Mehrdeutigkeit von Schriftversen; dem rabbinischen Prinzip der „Vielgesichtigkeit der Tora" folgend lernt man, Widersprüche, ja sogar Paradoxien in der Schrift anzuerkennen und zu dulden. Vor allem aber werden in Medina die biblischen Erzählungen als politisch relevant erkannt. Vorher erbaulich erzählte Geschichten erhalten nachträglich eine religionspolitische Spitze – mithilfe der Besinnung auf rabbinische Traditionen, die die volle theologische Dimension der Texte erst erkennbar machen, wie dies etwa bei der Geschichte vom Goldenen Kalb geschah. Die Bibel wird nun entdeckt als ein politisch aufgeladener Denkraum, in dem man sich keineswegs allein, sondern zusammen mit den älteren Erben der Schrift bewegt.

Am Ende der Verkündigung steht die Sezession der neuen Gemeinde aus dem Ensemble der monotheistischen Frommen: Man sagt sich – wenn auch zögerlich, wie die komplizierte Loslösung von der Jerusalemer Gebetsrichtung zeigt – los von dem Vorbild der Israeliten, von der Modellrolle Moses, und erkennt sich wieder als Abrahamsgemeinde, als *millat Ibrāhīm*, als diejenigen, die nicht durch Mose das Gesetz erhalten haben, sondern es in der von Abraham praktizierten Form besitzen. Der sich in Medina abzeichnende Ausschluss der Neuankömmlinge aus dem erwählten Volk, ihre Zuweisung zu den „Völkern der Welt", den Heiden, *musste* nicht als Verlust gedeutet werden; er ließ sich auch – wie schon vorher Paulus gezeigt hatte – als Erhebung in einen neuen Adelsstand deuten: Auch Abraham war ja nicht Jude gewesen, sondern durch den Glauben gerecht. Diese abrahamitische Identität bildet sich heraus in andauernder Reibung an der vorher noch für sich selbst reklamierten, nun aber doch den anderen als ihr Erbe überlassenen mosaischen Identität. Es ist die „jüdische, durch rabbinische Debatten diskursiv gewordene Bibel", die diesen Prozess in Gang setzt. Erst die im Austausch mit den jüdischen Rivalen erkämpfte Einzigartigkeit als Abrahamiten dürfte die Gemeinde zu ihrer großen innerweltlichen Rolle, zu ihrem islamischen *nation building* befähigt haben.

Die hier skizzierte Geschichte der Auseinandersetzung mit der Bibel, die kontinuierliche „Reibung" des Propheten und seiner Hörer an ihr, war ein Prozess, der sich durch die gesamte Verkündigung zieht, dessen besondere Dynamik in Medina aber erst die Festigung der Gemeinde zu einer politisch profilierten Identitätsgemeinschaft ermöglicht hat. Er darf uns jedoch nicht vergessen lassen, dass es *zwei* Errungenschaften sind, die am Ende der Verkündigung stehen: die neue Religionsgemeinde und die Schrift, das Textcorpus des Koran. Dass diese Schrift nun, nachdem die Stimme des lebenden Propheten nicht mehr zu hören war, seine Stelle einzunehmen hatte, dass sie als der nun vom Gläubigen nachzusprechende Text seine Verkündigung am Leben zu halten hatte, ist eine wichtige Manifestation ihrer Autorität. Die andere, von den Ungläubigen während der Verkündigung so oft angemahnte, ihnen aber verweigerte, Manifestation der Autorität der Verkündigung: die schriftliche Form, konnte sich nun gleichfalls realisieren – in Gestalt prächtiger Kodizes, geschrieben in monumentalen Lettern, durchaus orientiert am Muster der Tora-Schriftrollen und der Evangelienkodizes der Zeit (Abb. 14). Die neue Schrift etabliert sich so auch ästhetisch als das, was sie zu sein nun beanspruchen kann: eine Fortschreibung der Bibel, das Zeugnis eines neuen Gottesbundes mit den Menschen.

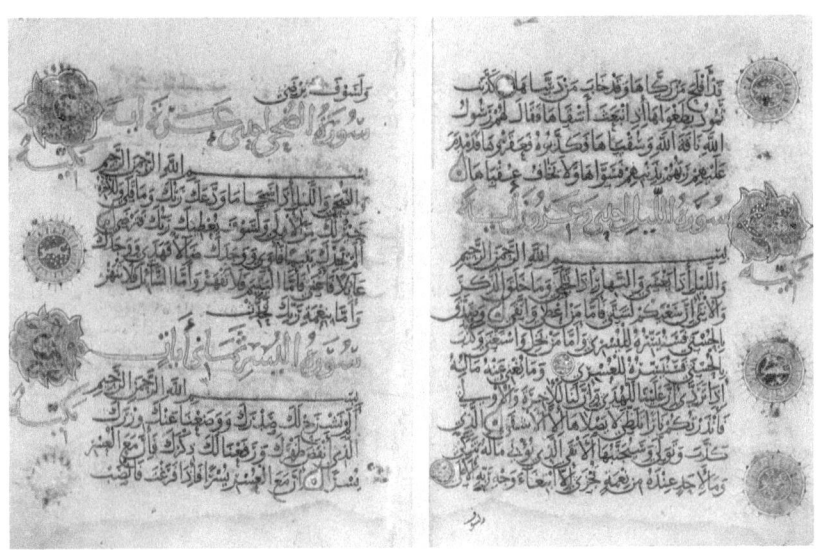

Abb. 14
Kalligraphischer Koran, geschrieben von Ibn al-Bawwab
(gest. ca. 413/1022)
Dublin, Chester Beatty Library, Is. 1431, fol. 278^v–279^r

Stellenregister Bibel und Koran

1. Altes Testament/Hebräische Bibel

Gen			Neh	
12,1	97		9,7 f.	97
12,1–5	97		Ps	
18	65		40,6	31
22,1	98		50,1	36
22,18	104 f., 105[153]		113,1	36
37,33	65		119,62	36
Ex			Spr	
32,7	75		8,22 f.	28
32,15–35	73		Jes	
34,6 f.	73, 78 f.		2,3	96, 102
1 Kön			58,6 f.	32
8,23–53	69, 92 f.			

2. Neues Testament

Mt			Lk	
17,1–8	70		2,1–20	25
21,33–44	63		9,28–36	70
25,34–40	32		Joh	
25,41–46	33		1,1–5.10	27
Mk			1 Kor	
9,2–8	70		1,18	90
13,24–26	42		Gal	
			2,6–10	107

3. Koran

Sure

1	59–62	6:162–7:3	3
1:2	61	7	76^{114}, 80
1:3	61	7:103–156	74^{109}
1:4	61	7:142–156	$74, 79^{121}$
2	78	7:156–158	107
2:40.47.122	$77^{(116)}$	8:72.74 f.	92
2:54–108	74^{109}	10:75–93	74^{109}
2:124	$105^{(153)}$	11:69–76	65
2:124–129	104	11:71	65
2:127	$101^{(149)}$	11:81	68^{101}
2:127–129	96, 101	12:1	82
2:142–145	93 f.	12:17	65
2:143	94	12:36 f.99–101	83
2:145	94, 96	13:17	86^{129}
2:183	72	14:35–41	104
2:186	73	15	$59^{(83)}$
2:218	92	15:26–48	60
3	80, $82^{(124)}$, 87, 90	15:65	68^{101}
3:1–7	81	15:87	59
3:1–32	80	16:110	92
3:1–64	80	17:1	67 f., 70
3:3	82, 82 f.^{124}	17:2–8	67
3:6	86, 89	17:93	67^{100}
3:6 f.	87	19	80
3:6.34–47	89	19	84^{128}
3:7	21, 80–83, 85–89	19:16–33	66
3:7 f.	21^{35}, 21 f.	19:17	65
3:33	80, 87	19:28	86^{129}
3:33 f.	84	19:41–50	97
3:33–64	80, 87	20	73–75, 79 f.
3:65.67 f.	105 f.	20:1–9	75
3:96	97, 102	20:10–99	74^{109}, 75
6:74–84	97	20:77	$68^{(101)}$
6:114	57	20:77–79	76

20:77–83	76 f.	40:21–55	74[109]
20:80–82	76 f.	41:2 f.	57
20:81 f.	79	43:2	82
20:81b.c	78[118], 79	44:23	68[(101)]
20:81b–82	78	52:31	36[52]
20:82	79	53	68
20:83–85	75	53:1–5	54
20:83–99	76	53:2 f.	55
20:86	78[118]	53:5–12	23
20:87–99	75	53:37	97
20:98	75	55	26, 28
21:57 f.	97	55:1–4	26, 30, 53
21:71	66	55:2	27 f.
22:26 f.	103	55:3	26
22:27	36[52]	55:4	28
22:39 f.	92	56:80	22
22:58	92	61:6	77[116]
25:33	83[125]	62:1 f.	108
26:2	82	68:1 f.	52
26:10–67	74[109]	69:41–43	22 f.
26:16–27	97	69:43	22
26:52	68[(101)]	73:1–9	35 f.
26:221 f.	22	73:2	36
26:225	36[52]	73:8	36
28	75	73:9	36
28:1–46	74[109]	79:15–26	74[109]
29:46	58	81	68
36:13 f.	63	81:1 f.	41
36:13–32	63	81:1–14	40 f.
36:26	63	81:3.6	41
37	98	81:4 f.	41
37:84–98	98	81:7–9	41
37:93–99	97	81:8 f.	41
37:99–109	98 f.	81:10	41, 53 f.
37:101	98	81:11	42
37:102	98 f., 103	81:12 f.	42
37:106	98	81:14	42
37:114–122	74[109]	82:1–4	42

82:10–12	53	90:10	33
84:1–5	42	90:11–16	32
84:7–12	54	95	30
85	52	95:1–4	30
85:21 f.	53	95:2	30
87:6	52	95:3	70
87:18 f.	51	96	34
87:19	97	96:1–5	52
90	29–31	97	23–25
90:1	70	97:1	22 f., 26
90:3	30	97:4	25
90:6	31	99:7 f.	43
90:8	33	104:3–8	43
90:8 f.	30 f.	105	38, 70
90:9	33	106	38, 70

Abbildungsnachweis

1–2: Frey-Grynaeisches Institut Basel.
3: François Déroche/Sergio Noja Noseda, Sources de la transmission manuscrite du texte coranique, les fragments de style ḥiǧāzī, Bd. 1. Le manuscrit arabe 328 (a) de la Bibliothèque nationale de France, Lesa 1998.
4: Willibald Sauerländer, Das Jahrhundert der großen Kathedralen 1140–1260, München 1990, 98; Foto: Archives des Éditions Gallimard, Paris.
5: Enrico De Pascale, Morte e resurrezione, Mailand 2009, 337; Foto: Archivio Mondadori Electa, Mailand.
6: Robert Hillenbrand (Hg.), Persian Painting. From the Mongols to the Qajars. Studies in Honour of Basil W. Robinson, London 2000, 142, Abb. 15.
7: Patricia Lee Rubin/Alison Wright (Hgg.), Renaissance Florence. The Art of the 1470s, London 1999, 97; Foto: Paolo Tosi.
8: Oliver Watson, Museum of Islamic Art. Doha, Qatar, München 2008, 82; Foto: Lois Lammerhuber.
Philip Jodidio/Sabiha Al Khemir, Museum of Islamic Art Doha – Qatar, München 2009.
9: Oleg Grabar, The Shape of the Holy. Early Islamic Jerusalem, Princeton 1996, 92; Foto: Saïd Nuseibeh.
10: Laïla Nehmé, Die Nabatäer im Nordwesten Arabiens, in: Roads of Arabia. Archäologische Schätze aus Saudi-Arabien, hg. v. Ute Franke u.a., Berlin 2011, 137–144, hier 143; Foto: Laïla Nehmé.
11: André Grabar, Die Kunst des frühen Christentums. Von den ersten Zeugnissen christlicher Kunst bis zur Zeit Theodosius' I., München 1967, Abb. 117; Foto: Maurilio Sacchi.
12: Christiaan Snouk Hurgronje, Bilder aus Mekka. Mit kurzem erläuterndem Texte, Leiden 1989, Tafel III.
13: Venetia Porter u. a. (Hgg.), Hajj. Journey to the Heart of Islam, London 2012.
14: David S. Rice, The Unique Ibn al-Bawwab Manuscript in the Chester Beatty Library, Dublin 1955.

www.ingramcontent.com/pod-product-compliance
Ingram Content Group UK Ltd.
Pitfield, Milton Keynes, MK11 3LW, UK
UKHW042006230426
12048UKWH00009B/593